W0054027

GRÉGORY PIERROT, geboren in Frankreich, lehrt Englisch an der University of Connecticut in Stamford. Er forscht zur atlantischen afrikanischen Diaspora mit Schwerpunkt auf Haiti, Frankreich, den USA und dem Vereinigten Königreich. Grégory Pierrot ist Autor und Herausgeber mehrerer Bücher, u. a. *The Black Avenger in Atlantic Culture* und *Haitian Revolutionary Fictions. An Anthology*.

JAN-FREDERIK BANDEL, geboren 1977, lebt in Leipzig. Er hat Germanistik, Geschichte und Philosophie an der Universität Hamburg und der Johns Hopkins University Baltimore studiert und an der Humboldt-Universität zu Berlin promoviert. Er ist Lektor bei Spector Books und arbeitet als freier Lektor, Übersetzer und Autor.

GRÉGORY PIERROT
DEKOLONISIERT DEN
HIPSTER

AUS DEM ENGLISCHEN VON JAN-FREDERIK BANDEL

EDITION NAUTILUS

Die Originalausgabe des vorliegenden Buches erschien unter dem Titel *Decolonize Hipsters* bei OR Books, New York / London 2021.

© 2021 Grégory Pierrot

Deutschsprachige Ausgabe gemäß Vereinbarung mit OR Books

Alle Bilder:
S. 26 (*John Brown*), S. 55 (*Pariser Damen*), S. 63 (*Cakewalk*):
Library of Congress Prints and Photographic Division

Edition Nautilus GmbH
Schützenstraße 49 a
D-22761 Hamburg
www.edition-nautilus.de
Alle Rechte vorbehalten
© Edition Nautilus 2021
Deutsche Erstausgabe September 2022
Umschlaggestaltung:
Maja Bechert
www.majabechert.de

Druck und Bindung:
CPI – Clausen & Bosse, Leck
1. Auflage
ISBN 978-3-96054-305-3

INHALT

EINLEITUNG

Stellt euch die Szene vor: Es war 2014, und ich war zum ersten Mal in meinem Leben in Portland, Oregon. Klar, ich war schon im Pazifischen Nordwesten gewesen, und um ehrlich zu sein (und das sind wir doch, stimmt's?), nahm diese Gegend in meinem Herzen und meiner Seele schon zu Highschool-Zeiten einen ganz besonderen Platz ein. Ihr müsst wissen, ich war in den 1990ern Teenager, und von meiner Heimatstadt aus, diesem grauen, verregneten, scheißkalten Kasernenschlafraum, erschien Seattle wie ein verregnetes, nebliges gelobtes Land. Zwanzig Jahre später war da immer noch diese Aura, aber sie war ein bisschen weitergewandert und hatte sich gewaltig verändert. Wer cool war, war jetzt in Portland, Oregon, zu Hause: Das hörte man überall, vor allem in der IFC-Serie *Portlandia*, die damals ihre beste Zeit hatte. Fred Armisen von *Saturday Night Live* und Carrie Brownstein von Sleater Kinney hatten Mitte der Nullerjahre angefangen, unter dem Namen ThunderAnt zusammenzuarbeiten, sie drehten kurze Comedy-Sketche mit liebenswert und/oder unausstehlich exzentrischen Figuren, die von realen Personen in Portland inspiriert waren. Die Hochglanz-Variante davon, die im Fernsehen lief, war 2014 längst ein Phänomen für sich: Sie war Reflexion, Beobachtung und Abgesang auf eine Szene und trug gerade dadurch zu deren Popularisierung bei.

Auf gewisse Weise war das eine amerikanische Antwort auf *Nathan Barley*, eine kurzlebige BBC-Sendung, die sich mit dem Londoner Äquivalent einer neuen jugendlichen Subkultur beschäftigte, für die der Zeitgeist anscheinend nur einen sechzig Jahre alten Begriff parat hatte: Hipster. So unscharf die Charakteristika waren, mit denen sie bestimmt wurde, so leicht waren sie doch auszumachen: eine Vorliebe für obskure, schräge Kunst und Mode, eine Haltung, die alle Entscheidungen des Alltagslebens – persönliche, soziale, politische oder Konsumentscheidungen – zu Fragen des richtigen modischen Accessoires geraten lässt. Für sich genommen war nichts davon wirklich neu; aber es war eine Subkultur des globalen Internet-Zeitalters, die sich auf die Suche nach Authentizität und Originalität begab, nach einer universellen Bedeutung, und dabei vom Rest der Welt als unaufrichtig, banal und komplett witzlos abgetan wurde.

Es war unterhaltsam, darüber nachzudenken und sich die ganze Chose anzusehen. Ich gehörte natürlich nicht zu *denen*, ob sie nun aus Portland kamen oder woher auch immer. Die Hipster, das sind immer die anderen, und wie alle anderen hatte ich einfach einen besseren Durchblick. Ich hatte Geschmack, ohne herablassend zu sein; ich war weltgewandt, aber nicht arrogant; die Substanz war mir wichtiger als der schöne Schein. Wenn man sich nichts vormacht, erkennt man hier, mal wieder, was *Nathan Barley* so umwerfend komisch in Szene gesetzt hat. Die Titelfigur der Sendung war der amtierende König einer neuen Welle modebewusster »Idioten«, denen es ansonsten an so ziemlich jedem Bewusstsein mangelt – als solche werden sie jedenfalls in der Anfangsepisode von Dan Ashcroft geröstet, einem übellaunigen, ziemlich abgehalfterten Journalisten, dem nichts mehr übrigbleibt, als für das *Vice*-Double *Sugar Ape* zu schreiben. Doch mit jeder weiteren Episode zeigt sich deutlicher, wie nutzlos Ashcrofts bescheidwisserische Distanz und sein scharfer analytischer Sinn sind angesichts der kulturellen Macht, mit der er – und mit ihm wir alle, die wir den »Durchblick« haben – klarkommen muss. Jedes Mal, wenn Ashcroft glaubt, Barley und seinesgleichen als die hirnlosen Kretins vorgeführt zu haben, als die er sie kennt, entziehen sie sich seinem Zugriff, drehen den Spieß um und lassen ihn als einen der ihren dastehen: einen unfreiwilligen Priester ihrer Kirche, einen Pionier ihrer peinlichen Moden, einen Anhänger ihrer dämlichsten Trends. Einen ewigen Ironiker, dessen Rebellion darin besteht, seine Verblödung zur Schau zu stellen, kann man schlecht beleidigen. Schlimmer noch, es gibt kein Außerhalb des Hipstertums: Wir alle leben darin, ob wir nun wollen oder nicht.

All das war zehn Jahre bevor ich zum ersten Mal nach Portland kam. Und Portland war herrlich. Auf den ersten Blick schien mir alles, was ich in der Rosenstadt sah, genau das zu sein, was ich mir immer gewünscht hatte: ein pulsierendes Kulturleben, eine aufgeklärte Stadt, in der Autos bremsten, um Fußgänger über die Straße zu lassen, Kinder überall willkommen waren und anscheinend niemand jemals schief angesehen wurde, egal, welchen Spleen er hatte. Die Freunde und Bekannten, die ich dort wiedertraf oder kennenlernte, hatten hier hinreichend Gelegenheit, zu treiben, was sie früher an der Ostküste getrieben hatten: Poesie, Kunst, Musik, Lehre – in jeder erdenklichen Kombination. Diese Friedlichkeit ging erwartungsgemäß mit einer gewissen sichtbaren Entspanntheit einher: Was ich von der Stadt und von den Leuten sah (und natürlich bekam ich nur das zu sehen), schien mir, na ja, wohlhabend, aber auf eine entspannte, lässige Weise. Gelegentlich sagte ich mir: Wenn dieser Ort gut genug ist für Adam Sherburne von Consolidated, dann soll's mir auch recht sein.

Und dennoch, es wäre gelogen, wenn ich behaupten würde, dass mir nichts komisch vorkam. Ich brauchte ein bisschen, um dahinterzukommen, was es war. Kurz vor meinem Rückflug nahm mich ein Freund mit zu einem Event, das sehr typisch für Portland ist: Mauersegler beobachten an der Chapman Elementary School, deren Schornstein diesen Zugvögeln seit einigen Jahrzehnten als Schlafplatz dient. Den September über versammeln sich die Einheimischen auf der Grasböschung neben der Schule, um zuzusehen, wie die Vögel dort umherflattern. Schaut einfach mal bei YouTube, da findet man's, wie alles andere auch. Man kennt diese Schwärme von Mauerseglern aus schwermütigen HBO-Serien und gruseligen Filmen, wo ihre Menge, die dauernd die Form wechselt, signalisiert, dass etwas ebenso Verstörendes wie diese gespenstisch harmonischen Schwärme heraufzieht. Klar, ich hätte mit irgendeiner Erkenntnis rechnen müssen, trotzdem erwischte es mich unerwartet, wie eine Epiphanie.

Eigentlich war es eine ziemlich vergnügliche, friedliche Szenerie. Kinder, auch einige Erwachsene, rutschten auf Pappen die kleinen Hügel hinunter, während sie darauf warteten, dass es dämmerig wurde und die Vögel sich heraustrauten, um mit ihrem Luftballett zu beginnen. Die Warterei gab mir reichlich Gelegenheit, die Vogelbeobachter um mich herum zu beobachten, eine Menge Portlander, wie ich annahm, die aussahen wie das Publikum bei einem Alt-J-Konzert: tätowiert, sportlich, lässig, aber schick gekleidet, sonnengebräunt, cool und *weiß*. Tatsächlich derart weiß, dass mir in den Sinn kam, dass ich der einzige Nicht-Weiße dort sein mochte. Die Warterei gab mir auch reichlich Gelegenheit nachzudenken. Die Stimmung war keineswegs feindselig, niemand hat mich behelligt, mich angestarrt oder sonst was, und glaubt mir, ich war schon an einigen amerikanischen Orten, die mehrheitlich, wenn auch nicht ausschließlich weiß waren, in einigen habe ich auch gelebt: im ländlichen Illinois, Penn State, auf den Straßen von Greenwich, Connecticut, an einem Donnerstagnachmittag oder auf einem Konzert von Murphy's Law. Aber als ich nach Portland kam, war ich ganz naiv davon ausgegangen, dass eine so große Stadt schon diverser sein würde, allein schon – was weiß ich – aus Gründen der Selbstachtung. In den Tagen davor, unter anderen Umständen (auf dem Campus, auf dem Markt) hatte ich mich vielleicht durch das eine oder andere vereinzelte braune Gesicht täuschen lassen. Aber an diesem Sonntagabend stand ich da und fühlte mich wie der sprichwörtliche bittere Tropfen im Kelch. Zufall vielleicht, dachte ich auf dem Heimweg.

Dennoch, es beschäftigte mich weiter. »Warum ist Portland so verdammt weiß?«, fragte ich mich, und da ich absolut keine Ahnung von der Geschichte Oregons hatte (dieses Trail-Computerspiel hatte ich auch nie gespielt, ich bin nicht von hier, okay?), machte ich's wie alle Spürnasen des 21. Jahrhunderts: Ich tippte den Scheiß in die Suchmaschine und stürzte mich hinein. Junge, ich bekam mehr Antworten, als ich erbeten hatte. Überblendung zur Archivszene.

Wie sich herausstellte, ist der gesamte Staat Oregon ganz grundlegend und über alle Maßen weiß: Von der Unabhängigkeitserklärung bis in die 1840er hatten Briten und Amerikaner dort Außenposten für den Handel mit Pelzen und kontrollierten das Gebiet gemeinsam, ohne dessen ursprüngliche Bewohner zu fragen oder ihnen auch nur zu sagen, mit wem sie es zu tun hatten. Das hatte sich ohnehin bald erübrigt: Eine Folge von Malaria-Ausbrüchen in den 1830er Jahren dezimierte die Chinook und Kalapuya, die in der Nähe der weißen Siedlungen gelebt hatten. In diesem Jahrzehnt nahm die amerikanische Bevölkerung drastisch zu – darunter nicht wenige methodistische Missionare, begierig auf Ureinwohner-Seelen, die sie retten konnten. Teil des

Erlösungsangebots war die Organisation der weißen Siedler in einer örtlichen Regierung, zu deren ersten Amtshandlungen das Erlassen von Gesetzen gehörte, die die Sklaverei in diesem Territorium untersagten und die Anwesenheit von Schwarzen ebenfalls. Eine Reihe weiterer Gesetze legte in der Folge genauer fest, wie wenig willkommen Schwarze Menschen in Oregon waren – nur falls jemand vergessen haben sollte, dass die rassistische Diskriminierung im Jim-Crow-Norden derjenigen im Süden großenteils in nichts nachstand. Die Lösung des amerikanischen »Rassenproblems«, die man in Oregon versuchte, bestand darin, einen amerikanischen weißen Ethnostaat zu errichten – zumindest in der Theorie. Klar, nichts davon hielt Sklavenhalter oder Versklavte ab, in das Gebiet zu kommen, aber es ermöglichte den Behörden, so zu tun, als wären sie nicht da. Wie sich herausstellte, waren die Obrigkeiten in Oregon nicht besonders konsequent in der Durchsetzung ihrer feindseligen Gesetze gegen Schwarze. Allerdings bemühten sie sich auch keineswegs aktiv darum, Siedler, die Sklaven hielten, zu bestrafen: Das Verbot richtete sich weniger gegen die Praxis der Sklaverei als gegen die Anwesenheit von Schwarzen – dennoch, vor dem Bürgerkrieg setzten die Behörden in Oregon keine Gesetze um, die die Sklaverei unter Verbot stellten.

Die ausgrenzenden Gesetze blieben neben einigen anderen, die sich spezifisch gegen Asiaten richteten, bis weit ins 20. Jahrhundert hinein bestehen und trugen zweifellos dazu bei, dass Oregon dermaßen weiß war und ist – genau wie die Zuneigung, die dort so freundlichen Gruppierungen wie dem Ku-Klux-Klan entgegengebracht wurde. Als die rassistische Terrororganisation zwischen den beiden Weltkriegen wieder zum Leben erweckt wurde, eroberte sie Oregon im Sturm: 1923 lebten von den zwei Millionen Mitgliedern, die sie im ganzen Land hatte, 35.000 in Oregon (einem Staat mit damals gerade mal 830.000 Einwohnern). Die beinah vollständige Abwesenheit von Afroamerikanern hielt die Kozmischen Drachen nicht auf: Es gab schließlich genügend asiatischstämmige Amerikaner und Katholiken, die man behelligen konnte, und genau das taten sie, vollkommen legal und kein bisschen im Verborgenen, denn einige Jahre lang war der KKK die tonangebende politische Kraft im Staat. Geschwächt durch Korruption und Skandale (wer hätte das gedacht?), zeigten sich die Bettlaken-Pfadfinder in den 1930ern ein bisschen weniger großspurig, wenn es darum ging, in der Öffentlichkeit zur Parade aufzuziehen, auch wenn man sich wohl denken kann, dass sie sich nicht plötzlich in Luft auflösten. Denken kann man sich auch, wie freudig sie es aufnahmen, dass im Zuge der Kriegsanstrengungen Afroamerikaner in Strömen in den Staat geholt wurden, um in der Holzindustrie und den Werften zu arbeiten.

Von 1940 bis 1944 verzehnfachte sich die Schwarze Bevölkerung in Portland und nahm bis Ende des Krieges weiter zu. Zwar hinderte das die Rosenstadt nicht daran, aktiv rassistisches Redlining zu betreiben, aber es brachte ihr den Jazz: Nachdem Vanport, wo ein Großteil der Schwarzen Bevölkerung lebte, 1948 durch heftige Überflutungen zerstört worden war, zogen die, die blieben, ins Albina-Viertel. Portlands »Klein-Harlem« wurde zur Attraktion für Jazz-Musiker*innen und konnte in den 1940er, 1950er Jahren eine solide Clubszene vorweisen, mit Schwarzen Etablissements wie der Dude Ranch, Mc Clendon's Rhythm Room, Paul's Paradise; aber auch der nur einem weißen Publikum offenstehende Desert Room lud Künstler*innen wie Louis Armstrong, Dizzy Gillespie, Billie Holiday und den Lokalhelden Warren Bracken ein. In den späten 1950ern setzte die Stadtentwicklung Albina und dem dortigen Kulturleben schwer zu und legte diese Clubszene in Trümmer.

Als entschieden werden musste, wo die neuen Schnellstraßen gebaut werden sollten, lautete die Antwort – wie in Chicago und anderen großen städtischen Gemeinden – natürlich: im Schwarzen Viertel. Die Behörden beschlossen, sich einen Weg durch Albina zu pflügen, und etliche Anwohner mussten von heute auf morgen umziehen, und zwar in Viertel, die bis dahin der weißen Arbeiterschicht vorbehalten gewesen waren. Die Schwarze Bevölkerung Portlands, via Redlining in scharf umrissene Nachbarschaften und unterdurchschnittliche Wohngebiete gedrängt, sah sich beständig dem unverhohlenen Rassismus des Jim-Crow-Nordens ausgesetzt. Doch die Black-Power- und Bürgerrechtsbewegungen kamen auch im Pazifischen Nordwesten an. Es ist bezeichnend, dass an den gewalttätigsten Auseinandersetzungen, die Portland damals erlebte, die Polizei und militante Schwarze Gruppierungen beteiligt waren, die zunehmend in Albina aktiv waren. Das Kulturfestival »Sunday in the Park« im Irving Park im Herzen Albinas hatte Eldridge Cleaver und eine Black-Arts-Theatergruppe eingeladen. Die Veranstaltung begann friedlich, aber nicht ohne Spannungen: Die Polizei zeigte massiv Präsenz bei dem Event, wie sie es schon den ganzen Sommer über auf den Straßen Albinas getan hatte. Als die angekündigten Gäste nicht erschienen, kam es zu gewalttätigen Auseinandersetzungen zwischen der Polizei und Teilnehmern, die sich im Viertel ausbreiteten und zwei Tage anhielten, wobei Geschäfte in Flammen aufgingen und Dutzende Menschen verhaftet wurden.

Zwei Jahre später schritten Kent Ford, ein Mitglied der in Albina tätigen Schwarzen Aktivistengruppe National Committee to Combat Fascism – die kurz darauf ein örtlicher Ableger der Black Panther Party wurde –, und einige andere ein, als Polizisten einen Schwarzen Jungen festnehmen wollten, und aus der angespannten Stimmung wurde ein regelrechter Kampf. Einige Tage lang führte das provozierende und brutale Vorgehen der Polizei zu weiteren Zusammenstößen. Geschäfte brannten, Massenverhaftungen waren die Folge. Die Polizei nahm vor allem Ford und weitere radikale Schwarze Aktivisten ins Visier, was die Flammen der Unzufriedenheit nur weiter anfachte. Dass das FBI militante Schwarze Gruppierungen überwachte und aktiv mit allen verfügbaren Mitteln daran arbeitete, deren Aktivitäten zu unterminieren, war im ganzen Land zu beobachten, aber es war besonders schockierend in einer Gegend mit einer derart kleinen Schwarzen Community und gegenüber einer Gruppe, deren auffälligste Tätigkeiten darin bestanden, kostenloses Frühstück und kostenlose medizinische Versorgung für die Bewohner Albinas auf die Beine zu stellen. Nachdem er vor Gericht vom Vorwurf der Beteiligung an gewalttätigen Ausschreitungen freigesprochen worden war, verklagte Ford nun seinerseits die Polizei und erhielt schließlich Schadensersatz für die Gewalt, die er durch Polizisten erlitten hatte.

Wie in vielen anderen Städten im Norden kristallisierte sich auch hier der Kampf für Bürgerrechte an der Frage des Schulbustransports heraus: Die Anwohner von Albina wehrten sich gegen Pläne, der Ungleichheit der Bildungschancen entgegenzusteuern, indem man afroamerikanische Schüler mit dem Bus in weiße Vorortschulen brachte. Der erbitterte Kampf zog sich bis in die frühen 1980er Jahre. Nach einer massiven Schulboykott-Kampagne, die von Schwarzen Eltern organisiert wurde, gab die neu besetzte Schulbehörde die Maßnahme auf, stellte Schwarze Lehrkräfte ein und entwickelte neue Lehrpläne. In den 1980ern war Albina ein typisches großstädtisches Schwarzes Viertel, wie es sie im ganzen Land gab: heruntergekommen durch die beständige Abwesenheit der Slumlords, denen die Häuser des Viertels gehörten, und von der Stadtverwaltung so lange ignoriert, bis der langsame Zustrom weißer Bewohner die städtische Verwaltung dazu brachte, die Gegend für solch erfreuliche Kundschaft attraktiver zu machen. Albina blühte dasselbe Schicksal wie so vielen Arbeitervierteln in großen Städten – die Lage machte eine Gegend, die von Weißen bisher gemieden worden war, zunehmend interessant. Seit der Jahrhundertwende hat die Gentrifizierung einen Großteil der Schwarzen Portlander aus den traditionellen Vierteln der Arbeiterschicht und den Schwarzen Gegenden Albina, Boise, Eliot, Alberta verdrängt und in die östlichen Ausläufer der Stadt getrieben, da ihre einstigen Unterkünfte zu luxuriösen Eigentumswohnungen und hippen Bars geworden sind.

Portland hat sich seinen durchaus verdienten Ruhm als Oase radikaler Politik und Lebensweisen in den letzten vierzig Jahren aufgebaut, größtenteils auf Kosten Schwarzer Wohnviertel und Schwarzer Kultur. Der Kreislauf ökonomischer und politischer Gewalt, dem Schwarze in Oregon ausgesetzt sind, folgt vertrauten Mustern, und diese Muster hinterlassen einen Abdruck auf dem Hipster-Phänomen, auch dort, wo sie nicht direkt durch dieses geformt werden: So werden die ungesunden, günstigen Wohnstätten, an denen die Schwarze Bevölkerung traditionell zusammengetrieben wurde, systematisch von weißen Künstlertypen »entdeckt«, die von den günstigen Mieten angelockt werden, eine Vorhut, die üblicherweise entsprechende Betriebe mit sich bringt – Galerien, Geschäfte für künstlerische Produkte allerlei Art, Veranstaltungsorte für Performances –, was dann wiederum Bars und Restaurants anzieht und damit eine größere Menge hipper Interessent*innen. Sind genügend Weiße da, um bei der Stadtverwaltung berechtigtes Interesse zu wecken, läuft alles nach altbekanntem Muster: Immobilien werden umgestaltet, die Polizei wird aktiver, Stadtteilentwicklungsmaßnahmen treten in Kraft, so dass es für die bisherigen Anwohner zunehmend unmöglich wird, in ihrem Viertel zu bleiben. So gesehen sind Hipster sowohl Symptom als auch treibende Kraft ethnischer Diskriminierung, so ist es in Portland, in Brooklyn, in Ballungsgebieten überall im Land und anderswo, so ist es in der Kultur, in der Ökonomie, in der Politik. Diese Kreisläufe sind nicht neu, aber sie haben im 21. Jahrhundert gewaltig Fahrt aufgenommen.

Es ist kein Zufall, dass Mitte der 2010er Jahre der Begriff »Columbusing« aufkam, der in der halb spöttischen, halb historisch aufgeklärten Art, unter Verweis auf den Paten des Genozids an den amerikanischen Ureinwohnern die »Kunst, etwas zu entdecken, das nicht neu ist« zu benennen, maximal hip ist. Er ist gleichzeitig zutreffend und selbstreflexiv. Im Begriff des Columbusing erkannten die Hipster auf ihre typisch ironische, ach so gewitzte Art an, dass Hipstertum eine Form der Kolonisierung ist.

Schauen wir mal, wohin wir mit dieser Einsicht gelangen.

Kapitel 1

LOOK AT THAT FUCKING HIPSTER

You are not what you own.
– Fugazi, »Merchandise«[1]

Schau dir diesen Scheißhipster an. Die Hosen sind eng, die Vintage-Turnschuhe sehen aus wie neu, das Poison-T-Shirt ist ironisch gemeint (ist es doch, ODER?), die Tattoos sind gut sichtbar und ziemlich schräg, eine sorgfältig ausgesuchte Trucker-Kappe bedeckt seinen strubbeligen Undercut, alle Arten von Haar schmücken ein blasses Gesicht mit einer massiven Hornbrille. Der Bartwuchs hätte John Brown gefallen können, wenn der noch lebte, aber er musste sich ja vor hundertfünfzig Jahren aufhängen lassen, weil er gegen die Sklaverei gekämpft hat. So ein Loser, was? Da schlendert er den Bürgersteig entlang, in der Hand einen Becher skinnycino™, mit seinem Fixie-Bike schlängelt er sich durch den Verkehr, was soll er machen, er ist auf dem Weg zu seinem Stammlokal, früher war es das, was man eine »dive bar« nennt: eine Spelunke, dann wurde es von Wallstreet-Investoren aufgekauft, jetzt heißt es *Dive Bar*, man kann Pabst Blue Ribbon in der Dose bestellen, das wird im Sektkübel serviert, oder frisch Gezapftes aus Kleinstbrauereien, auf der Karte findet man Avocado-Toast, ihr kennt das doch alles. An jeder Ecke in jeder Stadt gibt's heute so was, und da geht der Scheißhipster nun immer hin. Vielleicht trifft er seine Kumpels, womöglich gibt es auch Frauen da – ihr erkennt sie an ihrer Aufmachung, zwanzig Arten, einen Pony zu tragen, Blumentattoos winden sich die nackten

---

1 Fugazi, »Merchandise«, *Repeater*, Dischord Records 1990.

Arme entlang, Schichten von einst und künftig wieder coolen Klamotten – alles Vintage, denn alles Vergangene ist jetzt cool, egal ob es schon einmal cool war oder nicht –, die ganze sorgfältigst hergerichtete Nachlässigkeit. Ihr wisst doch, dass ihre Nacht heller leuchtet als euer Tag. Sicherheitshalber landet alles auf Instagram und wird mit Hashtags versehen. Ihr lebt vielleicht nur einmal, aber Hipster leben immer wieder und wieder und wieder.

Das ist ein Klischee?

Natürlich ist es das. Und wie alle Klischees gehört der Hipster inzwischen einfach zur Ausstattung, eine Plage früherer Zeiten, die so nahtlos in den Stoff der heutigen eingewoben ist, dass wir sie gar nicht mehr wahrnehmen. Es ist heutzutage gar nicht mehr möglich, einen Hipster von einem Poser zu unterscheiden – beide sind allgegenwärtig, beide versuchen, auf eine völlig generische Weise einzigartig zu sein. Aber das war nicht immer so. Einstmals, in der grauen Vorzeit der 1990er Jahre, bestand das natürliche Habitat des Hipsters aus ganz spezifischen, abgegrenzten urbanen Ökosystemen: die Lower East Side in Manhattan, Williamsburg in Brooklyn, Kreuzberg in Berlin, Shoreditch in London (oder das fiktive Hosegate in *Nathan Barley*), der Marais in Paris (passenderweise heißt der Name übersetzt ›Sumpf‹). Seitdem ist die Zahl der Hipster exponenziell gewachsen, und sie haben ihren Lebensraum ausgedehnt. Jetzt ist die ganze Welt ihre Austernbar, und wir alle speisen darin.

Doch bevor er zerstückelt und wie der Leichnam des Osiris im Zeitgeist verstreut wurde, musste der Hipster zunächst einmal ins Leben treten. Auch wenn niemand ihn anerkennen mag, hatte er doch viele Eltern, einige davon werden wir uns in den folgenden Kapiteln genauer ansehen. Für den Moment mag es genügen festzustellen, dass er in den ausgehenden 1990er Jahren aus demselben berauschenden Gemisch hervorgegangen ist, dem wir die wichtigsten Subkulturen des 20. Jahrhunderts verdanken: An irgendeiner Kreuzung, die keine Landkarte verzeichnet, begegnet Avantgarde-Kunst der Populärkultur, und um innovative Figuren in der Kunst, der Mode, im Journalismus, im Machen herum bildet sich eine Szene von Connaisseuren, Fans, Mitläufer*innen, die umso größer wird, je mehr die Nische sich vom gehüteten zum offenen Geheimnis entwickelt. Der Trend verdankt den populären Künsten viel, doch die Popularität bringt ihn auch unausweichlich um seinen Kunstanspruch. Wird ein Trend zu populär, wird er zur Normalität, zum Gemeinplatz: Er findet seinen Platz an der Wand zwischen ausgestopften Narwalen und Plattenhüllen von LCD Soundsystem. Vielleicht erhält er sich ein gewisses Maß an Überraschung, aber sobald seine Konventionen allbekannt sind, geht er auf im großen Gefüge der Kultur. So erging es ganz offenkundig dem Hipster des 21. Jahrhunderts: Es hat ihn erwischt, er ist verblasst, vielleicht hat er sich aufgelöst, und er löste umso mehr Abscheu aus, weil seine Idiosynkrasien im Mainstream aufgingen.

Und jetzt sind wir in den 2020ern angelangt und können den Hipster eigentlich gar nicht mehr sehen. Er ist tot, er wurde 2004 begraben, dann noch einmal im folgenden Jahr und dann jedes Jahr von Neuem, etwa bis 2016, als wir es plötzlich mit wichtigeren Dingen zu tun bekamen – dem Tod der Wahrheit zum Beispiel. Donald Trump als Präsident: Da habt ihr eure Ironie. Aber vielleicht haben der Aufstieg und Fall des Hipstertums und das Wiedererwachen der Bestie weißen Herrenmenschentums, die Donald Trump ins Weiße Haus geleitet hat, mehr miteinander zu tun, als man denkt. Kommen wir noch einmal zurück zum Abolitionisten John Brown, dem Anführer des Überfalls auf Harper's Ferry von 1859.

Reproduktion einer Martin M. Lawrence (1808–1859)
zugeschriebenen Daguerreotypie, Salzdruck,
Hüftbild von John Brown

Seht's mir nach, aber wir müssen noch einmal fragen, was die wundersam üppige Gesichtsbehaarung, die er zu seinen Guerillazeiten trug, offen-*bart*: ein modisches Statement, das zugleich ein religiöses und ein politisches Statement war – Sean Trainors Untersuchungen haben gezeigt, dass die Geschichte der Bartmoden in Amerika eine politische und damit auch eine ethnische ist. Herman Melville hat Browns Hinrichtung nach dem gescheiterten Überfall in seinem Gedicht »The Portent« (Das Omen) reflektiert und darin dessen Bart als »Meteor des Krieges« tituliert. Der Bart ragte aus der Haube hervor, die Brown bei seiner Erhängung tragen musste, und erschien Melville wie ein Omen, ein Himmelszeichen, das den bevorstehenden Bürgerkrieg ankündigte. Und das ist mein Einsatz, Wal, da bläst er! Aus der Warte des Jahres 2020 erkläre ich hiermit (Einzelheiten folgen später) die vom Hipster bevorzugte Kombination Undercut plus Bart ebenfalls zu einem Omen, das den Einzug des orangegetönten *love child* von Andrew Johnson und Jefferson Davis ins Weiße Haus ankündigte. Um so weit zu kommen und dann – ungeniert und ungehindert – vor aller Augen auf den Straßen Amerikas zu wüten, musste sich die Bestie nähren und groß und stark werden. Der Hipster sorgte dafür, dass sie sich wohlfühlte und genug zu fressen hatte; er servierte auch Kaffee – fair gehandelt und mit der Chemex-Maschine aufgebrüht –, so dass die Bestie in seiner Deckung unbemerkt und ungestört durchschlüpfen konnte. Als der Hipster schließlich doch noch zu Boden ging, mit einer letzten Glosse niedergestreckt, da erhob sich aus seiner leeren Schale der Faschismus. Wie in *Dreamcatcher*.

Das also wäre der Hipster. Und wir kommen da auch noch hin, aber jetzt müssen wir einige Schritte zurückgehen. Ich werde mich also dransetzen und erst einmal tun, was alle an dieser Stelle tun – mich darüber auslassen, dass das Hipster-

Phänomen sich der Definition entzieht, während ich doch gerade zum Versuch ansetze, es zu definieren.

Üblicherweise geht man davon aus, dass die jüngste Inkarnation des Hipsters in den späten 1990er Jahren auf der Bildfläche erschienen ist. Dieses Jahrzehnt konnte einige neue Subkulturen und Musikgenres aufweisen, die in der kollektiven Erinnerung schnell auf die hör- und sichtbaren Markierungen reduziert wurden, die sie gesetzt haben, wie Hymnen und Flaggen, die im Wind wehen: triefende Super-Fuzz-Verzerrungen, Hunger-Dunger-Dang-Genöle, Holzfällerhemden und Jeans-Shorts für Grunge, Leuchtstäbe und weite Techno-Hosen für die Candy Raver, bestimmte Marken für bestimmte Szenen und so weiter und so fort. Doch wenn man sich die Hipster in ihrem Verhältnis speziell zur Musik, aber auch allgemeiner zur Kultur ansieht, dann gehörten sie gar nicht unbedingt zu einer einzelnen Szene, sie gefielen sich eher darin, sich in allen Szenen auszukennen. Es lohnt sich vielleicht anzumerken, dass der langsame Aufstieg des Hipsters parallel verlief zum Aufstieg von Indie-Rock, diesem amorphen Genre-Klumpen, der wahrscheinlich im Song »Gimme Indie Rock« von Lou Barlow, einem der Bannerträger des Genres, seine beste Definition findet: als die jüngste weiße Aneignung des Blues.[2]

Nebenbei: Lou Barlows kurzer historischer Abriss und sein Lob des »Indie Rock« geht mit diesem und seinen Helden durchaus spöttisch um, auch wenn Barlow damals bereits auf bestem Wege war, selbst einer dieser Helden zu werden. Irgendwo in der brodelnden Gemengelage von Selbstzweifeln, Selbstachtung und Selbstverachtung, aus der

---

2 Sebadoh, »Gimme Indie Rock«, *Gimme Indie Rock!*, Homestead Records 1991.

Sebadohs kleines Meisterwerk hervorging, lauerten bereits die Ungeheuer, die sich bald bemerkbar machen sollten. Barlow wusste sehr genau, wie ausgemacht weiß er in seiner ganzen Existenz war, er wusste um das niemals angesprochene Streben nach Coolness, das alle Szenen des Pop bestimmte – und wie diese Impulse auf einer zunehmend unausgegoren ideologischen Ebene die Möglichkeit, zu kommerziellem Erfolg zu gelangen, zugleich herbeisehnten und in Widerspruch dazu traten. Dabei schloss er an ein Bewusstsein an, das kein weißer Junge gezeigt hatte, sondern Kim Gordon, die Bassistin von Sonic Youth.

Auch Gordon hatte einige Lektionen zu lernen in ihrer Entwicklung zur ewig leuchtenden Sonne des weiblichen Hipstertums. 1989 – zu einer Zeit, als sie noch als Geheimtipp gelten konnte, aber in Sachen gegenkultureller Glaubwürdigkeit bereits uneinholbar war – bat die Zeitschrift *SPIN* sie, ein Interview mit einem Hip-Hop-Shootingstar zu machen: LL Cool J. Die »Abschaum-Rockerin von der Lower East Side«, wie Gordon sich selbst nannte, traf Cool James und seine Tänzer*innen (darunter Rosie Perez) downtown in einem Studio, wo sie sich »wirklich, wirklich uncool« fühlte, vielleicht war sie auch etwas schockiert von den provokanten Tanzmoves, die Gordon »eher finster als sexuell« schienen – ein ironischer Kommentar auf die Hypersexualisierung Amerikas.[3] Das Aufeinanderprallen von »zwei Sexbomben«, das der drastische Titel des Artikels versprach, erwies sich als Blindgänger, zwischen den beiden Interviewpartnern kam kein rechtes Gespräch zustande. Doin' it and doin' it, hätte LL Cool J wohl gesagt. Es lief eher mäßig, aber egal: Kim Gordon hatte hippen Stoff für ihren

---

3   Kim Gordon, »Meaty Beaty Big and Bouncy«, in: *SPIN* 5.6 (September 1989), S. 50.

Artikel, der aus dem missglückten Austausch eine ironische Auseinandersetzung mit der Kluft machte, die ihre Art weißer weiblicher Punk-Edginess von Js Schwarzer Hip-Hop-Männlichkeit trennte.

Den eigentlichen Parforceritt legte Gordon dann einige Zeit später hin, als sie die Begegnung in der Sonic-Youth-Single »Kool Thing« (1990) verdichtete. Das Stück ist ein klassisches Exempel aus der Hochzeit der Band, es verbindet Songstrukturen aus dem Pop, gallige Punk-Dreistigkeit und dissonante Avantgarde-Sounds, während Gordon sich in ihrem Text erinnert, wie sie auf LL Cool J geblickt hatte, wobei sie sich über seine ungebrochene, auftrumpfende Männlichkeit genauso lustig macht wie über ihre eigene lachhafte liberale Beflissenheit und das merkwürdige Odeur rassistischer und sexistischer Klischees, das ihr Gespräch umwehte. Wer's nicht hören konnte, bekam es in Tamra Davis' Video noch einmal ausbuchstabiert, das zwischen Aufnahmen der Band, die in einer Pappmaché-Szenerie spielt, und einer Schwarz-Weiß-Fantasie mit Gordon und einem LL-Cool-J-Ersatz wechselt. Eine schmolllippige Kim streichelt verträumt eine schwarze Katze (eine Hommage an das Cover von LL Cool Js *Walking with the Panther*), während sie sich in Tagträumen über einen namenlosen, zum Objekt reduzierten Schwarzen Mann ergeht (das »Kool Thing«, das der Titel meint und das das Video mit extremen Nahaufnahmen meist auf Körperpartien reduziert: Gesicht, Augen, Mund, Torso). Sie öffnet die Schnürsenkel seiner Hightops mit den Zähnen, kniet ihm zu Füßen, um seine Beine zu liebkosen. Der Bannerträger des politischen Rap in den 1980ern, Chuck D von Public Enemy, fungiert als LL-Cool-J-Stimmdouble und wirft unmotiviert wirkende Phrasen ein. Als würden sie einen Dialog aus einem jener Hal-Hartley-Kunstfilme nachspielen, die in den 1990ern so hoch im Kurs standen, sprechen die beiden Stimmen eher nebeneinanderher als miteinander. Von heute aus betrachtet bleibt »Kool Thing« ein beeindruckendes Stück, eine alchemistische Meisterleistung, da es Gordon gelingt, aus ihrer bleiernen Unterhaltung mit LL Cool J ein Goldstück zu machen – mit einer Menge Selbstironie und Konsumkritik. Außerdem ist es ziemlich unangenehm, sich das Ganze anzusehen, was natürlich genau der Punkt ist und das Video zu einem Vorläufer hipper Ironie macht. Zufälligerweise war »Kool Thing« die zweite Singleauskopplung aus ihrem ersten Major-Album: Eine neue Ära brach an.

Eine Gordon-Anekdote noch, aus dem Jahre des Herrn 2001. Ich lebte damals in Paris (völlig überbewertet!) und war gerade auf dem Heimweg, ostwärts, als mich eine Schreckensvision anfiel: Von den Dachträgern des Bahnhofs hingen gigantische Plakate, die Schauspieler*innen und Musiker*innen in ernsten Posen zeigten, darunter Kim Gordon – damals bereits die Königinmutter des Hipstertums – und Tricky. Es waren Anzeigen der Modekette Gap, die kurz zuvor Läden in London und Paris eröffnet hatte. Ich wusste damals so gut wie nichts über diese Marke, und die Kollektion mit nichtssagenden Hosen und Popper-Oberteilen ließ mich ziemlich unbeeindruckt: Das Einzige, was an diesen Klamotten interessant war, waren die Leute, die sie trugen. Um sich im alten Europa einen Namen zu machen, verband Gap diese raffinierte Werbekampagne mit kostenlosen Konzerten in den beiden Städten. Die »The Gap Hi Fi Global Concert Tour«, wie sie offenbar hieß, wartete mit einem beeindruckenden Line-up auf: Tricky, Sonic Youth, Jim O'Rourke, Ikue Mori, DJ Olive, The Incredible Moses Leroy, allesamt Namen, die für eine ziemlich anspruchsvolle Musik mit unterschiedlich großem Einfluss im Mainstream standen – selbst der zweifellos Bekannteste in dieser Reihe, Tricky, war keineswegs allgemein geläufig –, klangvoll genug, um hinreichend Menschen anzulocken, aber schräg genug, um sicherzustellen, dass es ein Ereignis für die In-Crowd würde. Und das – dieses Spiel mit der Coolness – war an diesem Punkt bereits so deutlich zu erkennen, dass das Ganze für jemanden, der die Musik dieser Künstler*innen kannte und schätzte, etwas ungemein Abstoßendes hatte. Der Eintritt war kostenlos, ABER um Tickets zu bekommen, musste man zu den Ersten gehören, die bei Gap in den Scheißladen kamen. Um dieses magische Stück Papier zu erhalten, musste man sich physisch in diese Höhle kapitalistischer Verderbnis begeben.

Nun, liebe Leserin, lieber Leser, es mag einiges über mein rechtschaffenes jüngeres Ich sagen, dass ich in dieser Sache unschlüssig war. Ihr müsst bedenken, das war vor Facebook; es gehörte noch nicht selbstverständlich zum Alltag, scheinbar kostenlose Dinge zu nutzen, die allein dazu da sind, dir zum Gewinn gigantischer multinationaler Konzerne Stück für Stück die Seele zu rauben. Es fühlte sich an wie ein schmutziger Trick, als würde jemand den Spieß umdrehen und die Musikfans davon abhalten, über Künstler*innen zu dozieren, die »sich selbst verkaufen«. Oh nein, hier ging es darum, dass die Künstler*innen ihre Fans verkauften. Ich weiß nicht genau, was ich wohl glaubte, was passieren würde, wenn ich einen solchen Laden beträte, an dem ich sonst nicht einmal vorbeiging. Und ganz genau das war das Problem: Was mich ärgerte, war, dass man mich dazu gebracht hatte, mir Waren anzusehen, die mich nicht interessierten, einfach indem man auf schlaue Weise Leute einsetzte, die ich wegen ihrer Musik schätzte. Es gefiel mir gar nicht, dass die Aura dieser Musiker*innen, die mich eindeutig berührte, mit irgendwelchem x-beliebigen Dreck verknüpft wurde.

Das alles mag aus der Sicht des Jahres 2020 amüsant

erscheinen, schließlich haben heute viele Künstler*innen längst Sponsoren, bevor wir sie überhaupt wahrnehmen, und seien's die Plattformen, auf denen sie sich erheben, fertig geformt wie eine kapitalistische Athene. Aber so etwas wie »Affinity Marketing«, bei dem eine Firma sich mit Institutionen oder einzelnen Personen zusammentut, die über eine treue Anhängerschaft verfügen, um dieser ihre Produkte schmackhaft zu machen, war damals noch ziemlich neu für mich, zumindest in dieser Dreistigkeit. Ich hatte keine Ahnung, dass es zu den typischen Werbestrategien von Gap gehörte, auf bekannte Songs und Musiker*innen zu setzen. Seit Jahren entwickelte die Firma Werbekampagnen, die der Langweiligkeit ihrer absolut nichtssagenden Klamotten ausgelassene Choreografien entgegensetzten, die an klassische Musicals erinnerten, oder klug eingesetzte Cover berühmter Songs oder Künstler, Schauspieler und Musiker, die adrett vor monochromen Hintergründen umhertänzelten. Es versteht sich von selbst, dass weder Tricky noch Kim Gordon oder gar Jim O'Rourke in irgendwelchen Fernsehspots auftraten: Deren Edginess war der Stoff für Magazine, für Europa. Das war alles so offensichtlich und so dummdreist, dass es sich wie eine persönliche Beleidigung anfühlte. In einem Song aus den frühen 1990ern – »Merchandise« – fragt Ian MacKaye von Fugazi: »What could a businessman ever want more but to have us sucking in his store?« Was will ein Geschäftsmann, außer dass wir in seinen Laden kommen und uns vollsaugen? Keine Ahnung. Aber da stand ich nun, schwankend im Angesicht dieser Konsumzitze.

Ich musste mich nicht entscheiden, ob ich standhaft bleiben oder mich vor dem Gap in die Schlange stellen sollte. Einen Tag bevor er mit Sonic Youth von New York nach Paris fliegen sollte, saß der aus Chicago stammende und zeitweise als fünftes Bandmitglied fungierende Jim O'Rourke in einem

Studio an der Murray Street in Manhattan, als er von der Straße her eine Explosion hörte. Ein Flugzeug war in das World Trade Center gekracht und hatte damit das 20. Jahrhundert definitiv beendet. Auf einmal waren wir alle Amerikaner. Das Konzert fand niemals statt.

Aber bleiben wir noch kurz in unserem Zwischenraum, bleiben wir bei Gap. Das ist nicht der schlechteste Ort, um ein wenig über den Begriff Hipster nachzudenken, der schon cool war, bevor das Wort cool cool wurde. Das ist lange her, so lange, dass es schon etwas – nun ja – uncool scheint, damit Menschen zu benennen, die uns heute umgeben. Wie wir im nächsten Kapitel sehen werden, waren die ursprünglichen Hipster um die Jahrhundertmitte afroamerikanische Bebop-Aficionados, die sich hervorragend auskannten mit dieser neuen, wilden, verwirrenden und innovativen Musik, ausgefallene, überdimensionierte Kleidung trugen und eine Mischung aus afroamerikanischem Slang und Insider-Jargon sprachen. Schließlich wurde der Begriff auch für Weiße verwendet, die Schwarze imitierten, die in denselben Clubs ein- und ausgingen, ihre Posen, ihren Kleidungsstil und ihre Haltung nachmachten. Aber er hat auch etwas mit jener Zeit zu tun, da der Bebop größer wurde und schließlich im Mainstream aufging, also etwa der Zeit von den frühen 1940ern bis zur Mitte der 1950er Jahre, bevor die Hipster Beatniks und so weiter wurden. Warum wurde ein Slangausdruck exhumiert, der seit sechzig Jahren seine Ruhe gefunden hatte? Wir wissen doch, dass es nie etwas Gutes bedeutet, wenn die Toten aus ihren Gräbern steigen.

Seht mir nach, dass ich bei dieser Gelegenheit auch ein wenig der Totenbeschwörung fröne, und zwar mit unser aller liebstem Marx-Zitat, »daß alle großen weltgeschichtlichen Tatsachen und Personen sich sozusagen zweimal ereignen … das eine Mal als Tragödie, das andere Mal als

Farce«.[4] Marx' krasser Punch galt dem angehenden Diktator Louis-Napoléon Bonaparte, dessen Staatsstreich von 1851 samt seinem Re-Branding als Napoleon III. für den wohlbebarteten deutschen Philosophen ein arg offensichtlicher und pathetischer Versuch war, Onkel Napoleons Machtübernahme von 1799 zu wiederholen. Die Verwendung des Begriffs Hipster in den 1990ern legte nahe, dass die so Geschmähten sich in den Augen der Schmähenden zu ihren Vorläufern in den 1950ern verhielten wie Napoleon der Kleine zu seinem Onkel: Ihre Hommage geriet, mehr oder minder unbeabsichtigt, zur Parodie, sie mühten sich so sehr, dass sie sich den Spott redlich verdient hatten. Die Neo-Hipster suchten die Einzigartigkeit in der bloßen Wiederholung und waren damit nicht nur dazu verdammt, den Weg aller Moden zu gehen, sie steckten schon im Mülleimer der Geschichte, in dem sie auch den Großteil ihrer Kleidungsstücke gefunden hatten – ironischerweise ging es ihnen wie Nappo dem Dritten, auch sie sollten eines Tages nur wegen ihrer Bärte in Erinnerung bleiben, für den Schock, den sie durch die entschlossene Zuwendung zum Grotesken auslösten (ja, ganz richtig, dieser Ziegenbart beginnt direkt unter der Unterlippe).

Und vielleicht war es wirklich nie mehr als das: eine fiese, aber wohlpointierte Gemeinheit. Doch wir sind im 21. Jahrhundert, und deshalb, das wissen wir alle, müssen wir den Beobachter hinterfragen. Wie nennen wir den Hipster-Sucher eigentlich? Spieglein, Spieglein an der Wand, wer ist der Hipste im ganzen Land? Die Fähigkeit, den Scheißhipster nicht nur zu finden, sondern auf ihn zu zeigen und ihn zu verspotten, belegt die unausgesprochene Gewissheit, dass unser Urteilsvermögen besser ist als das des Gegenstands unserer Geringschätzung. Und ganz sicher ist es ein

---

4 Karl Marx, *Der achtzehnte Brumaire des Louis Bonaparte*, 1852.

ängstlicher Versuch, in einer Art Exorzismus der Möglichkeit vorzubauen, dass wir selbst noch schlimmeren Verlockungen erliegen, als wir sie beschreiben.

Das eine Mal als Tragödie, das andere Mal als Farce: Doch was wird aus der Farce, wenn in Williamsburg die Ironie verendet in der Gosse liegt und nur darauf wartet, dass jemand sie aufsammelt, auf dass sie zu unerschwinglichen Preisen in der nächsten Lifestyle-Boutique verkauft wird, da hinten, um die Ecke, wo früher der koschere Feinkostladen war? Irgendwann in den 1990ern ist etwas Seltsames passiert. Ich erinnere mich bis heute daran, wie ein Freund von mir versuchte, meinen Vater dazu zu überreden, ihm seine alte Adidas-Trainingsjacke zu verkaufen. Mein Vater war fertig mit den Nerven: Er hatte das alte Ding nun schon so lange, dass es längst zu seinem offiziellen Gartenarbeits-Outfit gehörte, und es wollte ihm nicht in den Kopf, dass irgendjemand es haben, geschweige denn Geld dafür ausgeben wollte. Ich konnte es ihm auch nicht erklären, denn gegen die verführerische Kraft dieses speziellen Ockertons war ich immun. Meinem Freund aber war es sehr ernst, und sein Wunsch zeugte von einem Trend, der schon bald dazu führen sollte, dass überall Luxus-Second-Hand-Läden aus dem Boden schossen – was einst die Domäne der Armen und der notorisch klammen Bohemiens gewesen war, entwickelte sich zunehmend zu einer coolen Angelegenheit, man ging auf die Suche nach Klamotten, wie die DJs immerzu nach unbekannten Vinyl-Platten Ausschau hielten (schaut euch das mal auf YouTube an, Kids). Da hatte er also ein Exemplar in freier Wildbahn entdeckt und hoffte, es sich unter den Nagel zu reißen, ehe andere die Fährte aufnahmen. Noch ein Vorzeichen: Coolhunting gehörte schon bald zum Alltag.

Auch Mark Greif hat sich gefragt, warum das Wort »Hipster« in den späten 1990ern ausgegraben wurde, um diese neue Sorte kultureller Nimrods zu charakterisieren. Er nimmt an, dass ihr Look an diesem Punkt »immer noch eine gewisse Kontinuität zum kurzlebigen Neo-Beat-Trend oder zur Nostalgie für die Hipster-Szene der fünfziger Jahre« hatte: »Ich denke, dass der Stil der allerersten Hipster viele Menschen an die ›alten‹ Hipster der fünfziger Jahre erinnerte und dass der Begriff aus diesem Grund plötzlich wieder auftauchte.«[5] Ihr könnt dem Second-Hand-Laden die Schuld geben, aber auch einer seltsamen, sich andauernd fortentwickelnden kulturellen Nostalgie, die den Beginn dessen aufzeigte, was Simon Reynolds die »Re-Dekade« getauft hat. Die Neo-Beat-Welle folgte der Neo-Swing-Welle, die dazu geführt hatte, dass sich junge Amerikaner wie alte Amerikaner kleideten und akrobatische Tanzschritte lernten, die schon ihre Großeltern drauf hatten – zumindest wenn sie cool waren. Ich brauche euch wohl nicht zu sagen, welche Marke darauf aufsprang, um khakifarbene Chinos zu verkaufen – Gap wusste auch den Country-Line-Dance, den 1960er-Go-Go-Tanz, die *West Side Story* und Depeche Mode für sich zu nutzen. Das Unternehmen engagierte sogar Bill Withers für einen »khaki soul«-Werbespot, in dem mehr dunkelhäutige Menschen zu sehen waren als sonst, in ungewöhnlichen Grautönen, und warum auch nicht, verdammt? Wirklich coole Leute haben Schwarze Freunde.

Die Art, wie Gap coole Musik aus einer zunehmend jüngeren Vergangenheit heraufbeschwor, um ihren heutigen Klamotten Coolness zu verleihen, liefert ein schlagendes Beispiel dafür, wie die »Retromanie« – diese fieberhafte, beschleunigte Version kultureller Nostalgie, die Reynolds

5   Mark Greif, »Nachruf auf den weißen Hipster«, in: ders. u. a. (Hg.), *Hipster. Eine transatlantische Diskussion*, Berlin: Suhrkamp 2012, S. 112–140, hier: S. 116.

beschrieben hat – zur wesentlichen kulturellen Dynamik des digitalen Zeitalters geworden ist. Vor diesem Hintergrund erscheint der Begriff Hipster umso unpassender und pedantischer, denn die Retromanie folgt üblicherweise einem viel kürzeren Zyklus von »Moden, Trends, Sounds und Stars, die man noch lebhaft in Erinnerung hat«.[6] Vielleicht habt ihr amüsiert festgestellt, dass das Riff auf der Strokes-Single »Last Nite« von 2001 schamlos bei Tom Pettys 1976er Hit »American Girl« geklaut ist. Petty selbst hat es gut aufgenommen. Das Video zu dem Song, eine Arbeit von Roman Coppola, hätte genauso von dessen Vater Francis stammen können, als der noch jung war, vielleicht nach *Der Pate II* und vor *Apocalypse Now*, denn das Set, die Körnigkeit der Aufnahmen und der Style der Bandmitglieder sind genauso siebzigermäßig wie der Song und die Musiker, bei denen sie sich überhaupt erst bedient haben. Was aber noch verstörender war: wie wesentlich diese Hingabe an Retro für die Coolness der Band war, als ob die unverfrorene Led-Zeppelinisierung von »American Girl« – einem Lieblingssong von Oldie-Sendern im ganzen Land, der selbst nicht gerade ein bahnbrechendes Werk war – als innovativ gelten müsste. Edginess ließ sich also vorgeben, indem man stumpfe alte Messer aus der Cafeteria mit Spucke polierte und sie dann zu Schwertern erklärte.

In den 1990ern mischten Werbeleute kräftig mit, und sie fanden immer mehr Konsumenten, die es den Marken bereitwillig erlaubten, ihnen weiszumachen, dass Konsum und Edginess gut zusammengingen. Die ganze Sache schien zugleich oberflächlich und ernsthaft, die Models changierten zwischen keckem 1000-Watt-Lächeln und einer mürri-

---

6 Simon Reynolds, *Retromania. Warum Pop nicht von seiner Vergangenheit lassen kann*, Mainz: Ventil 2012, S. 21.

schen, zoolanderartig gekünstelten Ernsthaftigkeit. Was hier an Authentizität behauptet wurde, lag darin, die Selbstbezüglichkeit zur Pose werden zu lassen, ob echt oder wiederum gespielt, wieder und wieder in einer Endlosschleife. Ob man nun Depeche Mode mochte oder nicht, die Gap-a-cappella-Version funktionierte als Hommage wie als Parodie: Es war eine Referenz um der Referenz willen. Eine Orgie postmoderner, selbstbezüglicher Zitatspiele, erdacht, um uns darüber hinwegzutäuschen, dass der Zugang, der potenzielle Besitz von alldem – der natürlich seinen Preis hatte – unser Leben keineswegs bedeutungsvoller machen würde. In diesem Trümmerfeld der Ruinen dessen, was wir für Monumente unserer Kultur hielten, war der Markt das letzte Bauwerk, das standgehalten hatte, vollkommen unempfindlich gegenüber Witz und Sarkasmus.

Zurück zu diesem gottverlassenen Gap-Konzert: Es ist der übliche Kreislauf, Künstler*innen, die als unbequem, als edgy gelten, werden aus eigener Kraft populärer, dann müssen sie mit ansehen, wie der Mainstream sie in ihrer Neuartigkeit einholt und schließlich schluckt – ein Prozess, durch den sich vielleicht sogar der Mainstream ein bisschen verändert. Aber in diesem Fall war es auf erschreckende Weise umgekehrt, hier erklärte der Mainstream einfach: Diese Künstler*innen haben schon immer dazugehört. Klar, wir wussten das auch. Aber diese Umkehr ließ jeden Widerstand nicht nur hoffnungslos erscheinen, sondern lächerlich, elitär, das ganze Spiel der Distanzierung, wann immer man jemanden »Hipster« nannte, wendete sich gegen sich selbst. Für wen, verdammt noch mal, hielt ich mich eigentlich, dass ich glaubte, einen so viel besseren, höher entwickelten Geschmack zu haben als alle anderen, dass ich glaubte, ich könnte die Musik kriegen und hören, mit der andere ihren Lebensunterhalt verdienten, und dabei Kapitalismus und Kommerz unterlaufen? Geschichte, Lebenserfahrung und Ironie lehren uns, dass man dem System letztlich nicht entkommen kann, was bleibt einem also übrig, als sich hineinzubegeben, es zu genießen und zu lachen, von mir aus bitter, wenn ihr wollt? Auch dafür gibt es eine Nische. Die einstigen Dogmen subkultureller Szenen – Unabhängigkeit, ein weitgehend stillschweigend vereinbarter Code mit entsprechenden Verhaltensweisen –, diese Sehnsucht nach Integrität, all das konnte höhnisch als naiv abgetan werden: Was einst dazu diente, Szenen ein wenig zu schützen, sie vielleicht sogar hermetisch abzuriegeln, wurde durch das Internet und das neue Verständnis von Zugehörigkeit, das sich damit entwickelte, entwertet. Das Internet hat nicht dafür gesorgt, dass alles für jeden zugänglich ist, aber es hat den Zugang vereinfacht und mit einem globalen Anspruch versehen.

Doch es ist wie immer, einige sind einfach globaler als andere; der DIY-Geist des Punkrock und des Hip Hop konnte zum Lebensstil, zur politischen Haltung werden, doch als global gehandelte Ware wurde er mehr und mehr zu einem Angebot unter vielen, ein Häppchen auf dem großen Kultur-Smörgåsbord. Coolness war nun einfach zu haben, an jeder Ecke, und Kennerschaft erwies sich mehr und mehr als Frage des Zugangs und des Konsums, nicht mehr der Teilhabe. Greif hat darauf hingewiesen, dass Hipstertum heute eine »Subkultur der Elite« meine, also Leute, »die längst eine dominante Position in der Gesellschaft eingenommen haben«: »Der Hipster orientiert sich ... *sowohl* an der subkulturellen Rebellion *als auch* an der Elite und reißt dadurch eine Kluft zwischen diesen Sphären auf, der giftige Dämpfe entströmen.«[7] Die Suche nach Coolness – die einst als nonconfor-

---

7   Marc Greif, »Positionen«, in: ders. u. a. (Hg.), *Hipster*, S. 23–31, hier: S. 28.

mistisch gelten konnte, selbst wenn sie aus der Sicherheit und mit all dem Komfort einer gutbürgerlichen Herkunft unternommen wurde – geriet durch diese Verbindung zu einer beliebigen Ware unter vielen. Wie sich zeigte, ließ sie sich mit unterschiedlichen Arten von Kapital bezahlen: ökonomischem, kulturellem und ethnischem.

Teil einer Subkultur zu sein, einer Nische anzugehören, verlangte einem früher eine gewisse Hingabe ab, man hatte einen Tribut zu zollen: Klar, man konnte sich wie ein Punk anziehen und verhalten, aber jeder, der einmal in eine Ausgabe von *Maximumrocknroll* geschaut hat, weiß, dass diese Szene beinahe pausenlos damit beschäftigt war, über Authentizität zu diskutieren – darüber, wer nur ein Poser war oder sich verkauft hatte –, und dass sich in diesen Diskussionen über Zugehörigkeit Ängste zeigten, die dem modernen Hipster gänzlich fremd sind. Der Hipster 2.0, dieser anspruchsvolle, alles überblickende individuelle Konsument, begreift sich gern als eine Art Kurator, aus dessen wohlinformierten und geschmackssicheren Entscheidungen eine ganz eigene Ein-Personen-Subkultur hervorgeht, auch wenn er am Ende aussieht wie der nächstbeste Hipster, der neben ihm steht. Er begreift »Konsumentscheidungen … als eine Kunstform«.[8] Dieses Streben nach Einzigartigkeit, nach verfeinertem Geschmack ist unter anderem dafür verantwortlich, dass das, was einstmals uncool war, nun auf ironische Weise angeeignet wird – und es gibt wenig, was für weiße Mittelschichtsamerikaner so durch und durch uncool war wie weiße Working-Class-Amerikaner oder Arme. Wo ihre Vorgänger noch Schwarzsein fetischisiert hatten, verehrten die neuen Hipster »die Gewalt, den Instinkt und die Wider-

8 Ebd., S. 30.

ständigkeit der weißen Angehörigen der Unterschicht oder der Menschen aus der Provinz«.[9] Hipster können durchaus Nicht-Weiße bewundern, mit ihnen abhängen, sie gar in ihre Ränge aufnehmen – das gibt es, ich habe es selbst beobachtet –, doch sie sind in überwältigendem Ausmaß weiß – und wissen das sehr bewusst und durchaus befriedigt in Szene zu setzen.

Dass die Wohlhabenden sich den Stil der Arbeiterschicht aneignen, ist alles andere als neu: Die »nostalgie de la boue«, diese Faszination für »niedere« Kultur ist, wie wir noch sehen werden, vielleicht genauso alt wie die Mode und ganz gewiss mindestens so alt wie der Dandyismus. Die Unterschiede liegen hier in der Intensität und im Bewusstsein für Ethnizität, das damit einhergeht. Die klischierten Symbole weißer Working-Class-Subkultur – Trucker-Kappe, Zwirbelbart, Proll-Tätowierungen und bedruckte T-Shirts mit Motiven aus dem mittleren Westen und Süden –, die für die Hipster so typisch sind, wurden genau wegen der unbändigen Weißheit getragen, für die sie standen, wobei die Ironie natürlich auf das Bedrohliche angewiesen war, mit dem diese Zeichen aufgeladen waren.

Was die Spezifik weiblicher Hipness angeht, so bestand diese oft darin, die eigensinnigen Blickwinkel von Arbeiterschichts-Queerness mit frischen Farbschichten konventionell gegenderter Provokation zu überpinseln. Schau an, schon wieder Bettie Page! Der Anstrich enthielt mehr Ironie als Blei; das Erbe der Punk-Niedergeschlagenheit und des Riot-Grrrl-Kampfgeistes mengte sich – in scharf gezogenen oder verschmierten Make-up-Strichen – ins Hipstertum, verstärkte aber nur dessen Neigung zur visuellen Keller-Porno-Ästhetik, die durch keinerlei Sarkasmus abgefedert werden

9 Ebd., S. 29.

konnte. Vieles vom visuellen Style der Hipster-Frauen, wie er in Zeitschriften und online Verbreitung fand, beruhte auf dem kalkuliert altmodischen Appeal von Polaroid-Fotos mit ihrem überbelichteten Weiß, dem sie sich stillschweigend hingaben. Sie fanden auch Gefallen an der mürrischen Erhabenheit, wie sie Chloë Sevigny oder Rosario Dawson verkörpern, seit sie ihr Debüt in Larry Clarks *Kids* gegeben haben, einem Film, den man durchaus als Vorläufer einer extremeren Ausprägung dieser Ästhetik bezeichnen könnte. Die Hipster traten »nicht wie Anhänger einer typischen Subkultur« in Erscheinung, »sondern eher wie eine ethnische Gemeinschaft … Sie schrien förmlich ›Weiße aus der Vorstadt‹«, vor allem in ihrer Begeisterung für Styles und Moden, die den Connaisseuren der Coolness als wenig ausgeklügelt und wenig originell galten.[10]

Ganz ähnlich wie die Gap-Werbung wirken diese Referenzen oft, als würde die Geschichte neu erzählt, aber seltsam ausgebleicht. Hatten sich die ursprünglichen Hipster wie Plünderer bei Schwarzen Künstlern und deren Schwarzem Publikum bedient, denen sie ihren Namen samt Musik, Style, Tanz und Haltung verdanken, konnten es sich die Hipster 2.0 bei Bedarf herausnehmen, so zu tun, als hätte das alles niemals mit Schwarzen Menschen zu tun gehabt – das ging dann als Ironie oder Provokation durch. Erinnert euch an Marty McFly, wie er in der Zeit zurückgeworfen wird und dann – ausgesprochen nonchalant – die Geschichte umschreibt, indem er Chuck Berry mit dessen eigenem Song »Johnny B. Goode« bekannt macht – was für eine groteske Travestie, bei der die Geschichte als Farce wiederholt wird, die nichts mehr als Fassade ist. Es zeugt von der massiven Ausbreitung der Hipness-Plage, dass sich dieses

---

10 Greif, »Nachruf auf den weißen Hipster«, S. 121f.

Muster auch bei Künstlern beobachten lässt. Jack White und die Black Keys haben einen Streit vom Zaun gebrochen über die Frage, welcher lachhafte blasse Gitarrenheld am besten darin war, das wiederzukäuen, was herausgekommen war, als lachhafte blasse Kids in den 1960ern Rhythm and Blues wiedergekäut haben – damit war ihnen eine *Rolling-Stone-*Titelgeschichte sicher. White hat dem ehrenwerten Blatt allen Ernstes Folgendes erklärt: »Wenn ich Fernsehwerbung sehe, stoße ich immer wieder auf welche, deren Musik sich so dreist an meinem Sound bedient, dass ich manchmal selber denke, sie stammt von mir. In der Hälfte der Fälle stammt sie dann von den Black Keys.« In schamlos kommerzieller Begrifflichkeit erläutert er dann, was seine eigene Retromanie von jener der Black Keys unterscheide: »Es gibt einfach Acts, die den Markt für einen bestimmten Stil erschließen.«[11] Einen Markt erschließen am Arsch, Jacko. Die Hipster der Letzten Tage und ihre Ikonen konnten einfach vorgeben, dass sie keine Schwarzen brauchten, indem sie frühere weiße Imitatoren imitierten und diese Imitation dann als Innovation verkauften.

Also wohl eher Pastiche als Parodie: Der Hipster 2.0 hat mit den raffinierten neuen Werkzeugen, die er zur Verfügung hat, eine Technik aus der Zeit seiner Großeltern perfektioniert. Schauen wir mal, wie es dazu kommen konnte.

---

11 »Jack White: The Strange World of a Rock & Roll Willy Wonka«, in: *Rolling Stone*, 5. Juni 2014.

Kapitel 2

HIPNESS – AUS DER HÜFTE

An materiellen Besitztümern ist nichts verkehrt. Nur sollte man
sie benutzen, nicht zulassen, dass sie einen benutzen. Mir scheint,
jeder will sich anpassen, aber die Zukunft der Welt liegt in den
Händen der Unangepassten …

– Ted Joans[12]

Die ursprünglichen Hipster, die um die Mitte des letzten Jahrhunderts auf der Bühne erschienen, waren afroamerikanische Bebop-Aficionados, sie kannten sich bestens aus mit dieser neuen, wilden, verwirrenden und innovativen Musik, sie trugen auffällige, überdimensionierte Klamotten und sprachen eine Mischung aus afroamerikanischem Slang und Insider-Jargon. Schließlich blieb der Begriff an jenen Weißen hängen, die den Schwarzen nacheiferten, dieselben Clubs frequentierten, ihre Posen, ihren Kleidungsstil, ihre Haltung imitierten.

Moment, sagt da wer Déjà-vu? Klar, ihr habt es im letzten Kapitel gelesen; klar, so läuft es immer und immer wieder. Die Sache geht weiter, als man denkt: Die Hipster haben eine Geschichte, aber es ist nicht einfach ein Zwanzigjahreszyklus. Und es geht auch nicht nur um Bärte und Klamotten. »Hipness«, lesen wir bei Robin James, »ist eine Praxis, die sowohl historisch als auch strukturell auf Rassismus beruht.« Ja, schlimmer noch: »Geschmacks- und Hipnessdiskurse produzieren individuelle Körper als weiße und sie stützen Weißsein als sozialpolitische Norm.«[13] Völlig richtig, die Ge-

---

12 Zitiert nach Fred W. McDarrah und Gloria S. McDarrah, *Beat Generation: Glory Days in Greenwich Village*, New York: Schirmer Books 1996, S. 5.

13 Robin James, »In but not of, of but not in: On Tastes, Hipness, and White Embodiment«, in: *Contemporary Aesthetics* 2 (2009), http://hdl.handle.net/2027/spo.7523862.spec.209

schichte der Hipster ist eine gar nicht so geheime Geschichte der Ethnizität im atlantischen Raum. Ich will offen sein: Es gibt natürlich landesspezifische Ausprägungen des Hipstertums – wie jeder weiß, der sich noch erinnert, dass Skinny Jeans mal als »europäische« Mode abgetan wurden –, aber die sind unbedeutend gegenüber den transnationalen, transatlantischen Praktiken, deren beiläufige ethnische Konstruktionen der Hipstorie (ja, ich hab's getan) zugrunde liegen.

Uff. Bereit? Also fangen wir noch einmal mit dem Begriff an und graben wir weiter.

A hep-ster, a hip-ster, a black and tan scenester – ein schwarzer und brauner Szenegänger, aber dann auch wieder nicht unbedingt: Wenn das Suffix -ster eine Zugehörigkeit benennt, dann meint es hier die Zugehörigkeit zu etwas, das hip oder hep ist. Anfang des 20. Jahrhunderts schleicht sich der Ausdruck »hep« oder »hip« ins amerikanische Englisch ein, sein Ursprung gilt als ungeklärt. Wobei das bekanntlich noch nie jemanden davon abgehalten hat, zu spekulieren und sich an einer Genealogie des Wortgebrauchs zu versuchen. Weshalb es eine Reihe interessanter etymologischer Ableitungen gibt.

So steht's in den Wörterbüchern, aber vielleicht können wir noch ein bisschen weiter stromaufwärts, zur Quelle hin waten und uns fragen, in welcher Beziehung hip oder hep zu »hip hip« stehen könnte: Bevor es – irgendwann im späten 18. Jahrhundert – zu einem Freudenruf wurde, auf den alle mit einem »hurra« antworten, war »hip hip« eine Interjektion, ein Ausruf, den man benutzte, um jemanden auf der Straße zu grüßen oder, wenn man Schafhirte war, um die Tiere zu ihrem Pferch zu treiben oder, wenn man Franzose war, um den Kellner zu rufen, der seit einer halben Stunde alles Gestikulieren konsequent ignorierte (Tipp: Mit Winken wird das nichts), oder, falls man ein deutscher Antisemit im frü-

hen 19. Jahrhundert war, um seine Fanatikerkumpels anzu-
stacheln, während man durch die Straßen von Würzburg oder
Frankfurt tobte, Juden angriff und ihre Häuser anzündete
(Stichwort: »Hep-Hep-Krawalle« von 1819). Niemand weiß,
wieso der Mob diesen Ruf nutzte, der dem niederträchtigen
Ereignis schließlich seinen Namen gab, aber eine hartnäckig
populäre Verschwörungstheorie besagt, dass er eine verbor-
gene Bedeutung als Schlachtruf hatte, den die Antisemiten
des 19. Jahrhunderts von den antisemitischen Kreuzfahrern
übernommen hatten. Der Wahrheitsgehalt dieser Geschichte
ist nicht so wichtig, eher, was sie über den Gebrauch von
hep/hip als Aufforderung zu einer Antwort als Zeichen des
Erkennens sagt, ob man nun Fremde auf der Straße oder seine Mitrassisten anspricht.

Aber was hat das nun alles mit Hipstern zu tun? Ich
werd's euch erzählen. Kulturelle Aneignung ist nichts, was
sich von heute auf morgen entwickelt hätte oder im Brooklyn des 21. Jahrhunderts: Die Hipster unserer Zeit sind nur
die jüngste Ausprägung einer jahrhundertealten kulturellen
Tradition. Die entscheidenden Elemente der Hipness – Kleidung, Haltung, Musik, Insiderwissen – verweisen auf die
Geschichte des transatlantischen Sklavenhandels und auf die
zentrale Erkenntnis, dass die moderne Kultur, wie wir sie
kennen, der afrikanischen Diaspora ziemlich viel verdankt.

Jahrhundertelang wurden Millionen Menschen in Afrika
gefangengenommen und als Sklaven nach Amerika verkauft,
wo sie sich zu Tode schuften mussten und missbraucht wurden – ihrer Arbeitskraft, ihrer Körper beraubt. Die zahlreichen Sklavengesellschaften, die sich in Nord- und Südamerika entwickelten, hatten spezifische Eigenheiten, die sich
aus den Kulturen der kolonisierten Amerikaner und Afrikaner und der aus allen Teilen Europas stammenden Kolonisatoren speisten. Was sie aber alle gemeinsam hatten, war,

dass sie mit der Zeit juristische, soziale, ökonomische und protowissenschaftliche Systeme rassistischer Diskriminierung errichteten, die ihr Fortbestehen rechtfertigen und festigen sollten. Gesetze regelten, wie die Versklavten arbeiten sollten, wohin sie gehen durften, aber auch, wie sie zu sein hatten: wo und wie sie in Gruppen zusammenkommen konnten, in welcher Sprache sie sich unterhalten sollten, welche Lebensmittel sie anpflanzen, essen, verkaufen durften, welche Musikinstrumente sie spielen, welche Tänze sie tanzen und welche Kleidung sie tragen durften. Von Südamerika über die Karibik bis in die Vereinigten Staaten gab es zunehmend detaillierte Gesetze, die das Trommeln und Tanzen in der Öffentlichkeit untersagten; ab dem frühen 18. Jahrhundert war in der Karibik und in Louisiana gesetzlich geregelt, was Schwarze Menschen tragen durften, Schwarzen Frauen war es verboten, ihre Haare zu zeigen, da sie damit weiße Frauen in den Schatten hätten stellen können.

Die ersten Gesetze, die alle Schwarzen – egal, ob frei oder versklavt – benachteiligten, führten die Stoffe auf, die zu tragen ihnen gestattet war. Ethnische Konstruktionen waren in den Augen der Kolonisatoren offensichtlich auch eine Frage von Mode, die kontrolliert werden musste. Funktioniert hat das allerdings nicht, es gab immer Wege, dem Buchstaben des Gesetzes zu folgen und seinem Geist ein Schnippchen zu schlagen. Obwohl die Sklavenhalter nur das Allernotwendigste taten, um die Versklavten mit Kleidung auszustatten, und auch deren Möglichkeiten, sich selbst etwas zu organisieren, einschränkten, gelang es diesen doch, trotz der und aus den Begrenzungen des ihnen zugänglichen Materials originelle Stile und Moden zu entwickeln. Das Tignon – eine Art Kopftuch, das sie tragen mussten – machten Schwarze Frauen zu einer Kunst und einer Geheimsprache. Sie folgten den Buchstaben des Gesetzes und unterliefen es

dabei, indem sie mit farbenfrohen Stoffen raffinierte Kopfbedeckungen entwarfen; in Martinique etwa zeigte die Art,
wie das Madras-Kopftuch gebunden wurde, die amourösen
Interessen der Trägerin an. Und während die Sklav*innen
auf den Feldern dieselbe trostlose Kleidung trugen, gingen
sie am Wochenende und an Feiertagen in die Vollen und bo-
ten zum Tanz und bei Feiern alles an farbiger Kleidung auf,
was sie kriegen konnten. Angesichts der systemischen Unterdrückung, Entmenschlichung und Erniedrigung, der sie
sich ausgesetzt sahen, war es eine Form klandestinen Wi-
derstands, Unruhe in die Kleiderordnung zu bringen und sich
materielle Elemente dieses Systems, die als visuelle Reprä-
sentation der Kontrolle gedacht waren, anzueignen und um-
zufunktionieren – ein Statement, das schwer zu fassen war,
deutlich genug für Eingeweihte, trügerisch genug, um einer
systematischen Bestrafung zu entgehen.

Die Sklavenhalter tolerierten diese Renitenz in Klei-
dungsdingen, wobei ihnen nicht unbedingt klar war, dass
etwa in den Vereinigten Staaten extravagante Kleidung oft
auf subtile Weise Spott ausdrückte. Entscheidender noch
war, wie Shane und Graham White argumentieren, dass das
modische Gespür der Versklavten »eine nachdrückliche Zu-
rückweisung der ihnen auferlegten sozialen Rolle« darstell-
te, die »in die Welt der ihnen vermeintlich Überlegenen ein-
drang«.[14] Solche Gesetze sollten ethnische Trennung und
Abgrenzung in Bereichen des Lebens etablieren, in denen
diese Grenzen bedrohlich unsicher schienen: Es zeigte sich,
dass selbst Weiße, die Diskriminierung entschieden bejah-
ten, die Künste der Afrikaner attraktiv fanden und sie sich

---

14 Shane White und Graham White, *Stylin': African American Expressive
Culture, from its Beginnings to the Zoot Suit*, Ithaca: Cornell University Press 1998, S. 35.

aneignen wollten. Schwarze Küche, Schwarzer Kleidungsstil, Schwarze Musik und Sprechweise durchdrangen die weißen Kulturen Amerikas und fanden ebenso schnell ihren Weg über den Atlantik. Europäische Moden strömten in die amerikanischen Kolonien, aber koloniale Moden segelten auch zurück und sie trugen unübersehbare Spuren Schwarzer karibischer Kleidungsstile, die unter den Zwängen des späten 18. Jahrhunderts entstanden waren.

Zum sogenannten »kreolischen Kleidungsstil« zum Beispiel gehörten weiße, durchscheinende Kleider aus Musselin, einem Stoff, der in Europa traditionell für Damenunterwäsche verwendet wurde und ganz allgemein als naheliegende Wahl für das heiße Tropenklima galt. Ebenso häufig beinhaltete der kreolische Stil Variationen jener Kopfbedeckungen, die Schwarze Frauen tragen mussten, die aber durch ihre Raffinesse und Eleganz den Neid weißer Frauen erregten. Der kreolische Kleidungsstil gelangte nach Europa und reüssierte dort in den letzten Tagen des siechen Ancien Régime, um später in den klassizistischen Stil einzugehen, der durch Madame de Récamier, Thérésa Tallien und andere prominente Frauen aus der neuen herrschenden Klasse in Frankreich bekannt wurde, vor allem durch Joséphine de Beauharnais und deren Freundin Fortunée Hamelin, zwei Erbinnen aus wohlhabenden Familien in den französischen Überseegebieten in der Karibik, die eine stammte aus Martinique, die andere aus Saint-Domingue.

Nach dem noch abklingenden Terreur kamen in der Französischen Republik gemäßigte Kräfte ans Ruder und riefen eine neue Regierung ins Leben, das Direktorium. Aus Furcht, dass die Jakobiner, die in der Bevölkerung durchaus noch Rückhalt hatten, versuchen könnten, wieder an die Macht zu gelangen, gestatteten sie – während sie an der Formulierung einer neuen Verfassung arbeiteten – den Söhnen der oberen Mittelschicht, in Banden durch die Straßen von Paris zu ziehen und radikale Jakobiner, deren sie habhaft werden konnten, zu schikanieren. Diese knüppelschwingenden Schlägertypen waren wegen des kräftigen Moschusparfums, mit dem sie sich gern überschütteten, als »Muscadins« bekannt. Sie legten Wert darauf, dass man ihren politischen Standpunkt nicht nur roch, sondern auch sehen konnte: Man erkannte sie an ihren extravaganten, fließenden Halstüchern und ihren eng geschnittenen, auffälligen Gehröcken. Als die Jakobiner keine Gefahr mehr darstellten, gingen die neuen Herrscher in Frankreich schärfer gegen diese Straßengangs vor, doch deren Ideen und modischer Stil wirkten fort.

Ihre Nachfolger, die »Incroyables«, gefielen sich in einer eigenwilligen, vielleicht vom Englischen beeinflussten Sprache – sie ließen die Rs wegfallen, angeblich, weil der Buchstabe sie an die verhasste Revolution erinnerte – und trieben den ausgefallenen Kleidungsstil zu neuen Höhen; ihre zu engen Reitröcke trugen sie offen oder so, dass sich der Stoff staute, um den Eindruck zu erzeugen, sie hätten einen Buckel, ihr Haar war im Nacken kurz, fiel aber an den Seiten lang herunter, wie Hundeohren. Manchmal trugen sie einen einzelnen goldenen Ohrring, der in Frankreich als »créole« bekannt war. Wie ihre engsten Verwandten, die britischen Dandys, kultivierten die Incroyables eine Kennerschaft in Trivialitäten und erklärten einen Sinn für Mode zu ihrer wesentlichen Fähigkeit, die sie – durchaus mit einem Sinn fürs Komische – zur Schau stellten, indem sie stets Monokel trugen, mit denen sie alles und jeden inspizierten, das oder der danach zu verlangen schien. Mehr noch als die Incroyables verkörperten wohl die Berühmtesten unter ihren weiblichen Entsprechungen – die Merveilleuses – die Aura Frankreichs in der Zeit des Direktoriums, eine Aura von Glamour, Sex und Skandalen, die im Wesentlichen mit Frauen und ihren Moden zu tun hatten.

In ganz Europa unterhielten Zeitungen ihre Leser*innen mit Anekdoten über die lüsternen Damen des Direktoriums, ihre skandalträchtigen Busen, ihr freizügiges Gebaren und ihre schamlose Liebe zu diesem provokanten Tanz aus Österreich, den man Walzer nannte. Sie gefielen sich darin, in allen Einzelheiten die zunehmend gewagten Outfits zu beschreiben – mit all den durchscheinenden Stoffen und so gut wie nichts darunter –, die die Frauen bei den unzähligen Feiern trugen, die sie besuchten, gelegentlich sogar auf der Straße. Einmal begab es sich, dass Fortunée Hamelin – in namentlich nicht überlieferter Begleitung – aus einer Kutsche stieg, gewandet in eines ihrer weithin bekannten Tüllkleider, deren Seitenschlitz bis hinauf zur Hüfte reichte, die Arme bloß, und sich von Passanten bedrängt sah, die sich in einer immer größeren Menge um sie sammelten, so dass den beiden Frauen nichts blieb, als sich davonzumachen. Zwar machten sich alle modebewussten Frauen der Ära diesen neuen, schweflig-heißen Style zu eigen, aber kaum eine wurde dafür so bewundert und angefeindet wie Hamelin.

Klischees über die Wollust der Kreolinnen waren in der Populärkultur längst fest verankert, doch die Unzahl lüsterner Bemerkungen über Hamelin wurde noch gesteigert durch Gerüchte, ihre Mutter sei eine freie Schwarze Frau. Obgleich Hamelin zunehmend skandalumwittert war – zu skandalumwittert für das neue Regime Napoleons –, wurde ihr Salon zum angesagtesten Zirkel in Paris, Künstler und Politiker aus ganz Europa kamen regelmäßig dort zusammen. Fast vier Jahrzehnte lang sollte Hamelin eine zentrale Gestalt in den höchsten gesellschaftlichen und politischen Sphären bleiben. Und falls sich jemand fragen sollte, wie

*»Pariser Damen in ihrer Winterkleidung für das Jahr 1800«,
eine am 24. November 1799 gedruckte Karikatur von Isaac Cruikshank,
die in satirischer Übertreibung die Exzesse der neogriechischen Pariser
Mode der späten 1790er Jahre darstellt, einschließlich der arg durchscheinenden Stoffe, die angeblich gelegentlich getragen wurden.*

Slut-Shaming zu Zeiten der Aufklärung lief: Hamelin war auch weiterhin als »anstößigste Person in ganz Frankreich« bekannt, ein Rufname, den sie sich in ihrer Zeit als Königin der Merveilleuses verdient hatte.

In der Zeit des Direktoriums entwickelte sich ein Muster, das uns vertraut ist: Europäische Moden bedienen sich bei exotistisch fantasierten, fetischisierten Vorstellungen vom Schwarzsein, nur um dann in Abrede zu stellen, dass es jemals solche Einflüsse gegeben habe. So gesehen lässt sich Hamelin mit ihrer Biografie als Metapher auf zwei Beinen verstehen: Sobald Napoleon das Direktorium gestürzt und sich selbst zum Ersten Konsul der Französischen Republik hatte ausrufen lassen, ließ er Hamelin (seine einstige Geliebte, die ihm stets eine loyale Vertraute geblieben war) vom Hof verbannen, da ihm nunmehr sehr an einer Fassade der Rechtschaffenheit gelegen war. Im folgenden Jahr entsandte Napoleon eine gewaltige Expedition in die Kolonien, um die Sklaverei wieder einzuführen. Im gleichen Zuge wurden die Grenzen des französischen Kernlands für Schwarze geschlossen. Aber egal, Schwarze Kultur findet immer einen Weg, Einfluss zu nehmen. In Saint-Domingue besiegten die Truppen der Schwarzen Aufständischen die Franzosen und erklärten die Unabhängigkeit des Staats, der als erste Nation weltweit die Sklaverei abschaffte. Nördlich von Haiti, in den Vereinigten Staaten – deren Fläche eben um ein Drittel gewachsen war, da Napoleon die Kolonie Louisiana an den regierenden Vergewaltiger Thomas Jefferson verscherbelt hatte –, mussten Schwarze Menschen versuchen, in der ersten Republik der Welt zu überleben, die auf der rassistischen Idee weißer Vorherrschaft fußte.

Mit dem Anwachsen der freien Schwarzen Bevölkerung in Nordamerika und der Karibik wurde auch – trotz zunehmender rechtlicher Segregation – der kulturelle Austausch intensiver. Im Norden drängten Weiße die Afroamerikaner in bestimmte Stadtviertel, in denen sie oft mit armen Weißen zusammenleben mussten. Afroamerikaner waren beständig Misshandlungen und extremer rassistischer Gewalt ausgesetzt, zugleich waren sie Gegenstand intensiver, obsessiver Beobachtung. Die weiße Faszination für Schwarzen Style führte dazu, dass der Strom ethnografischer Betrachtungen nicht abreißen wollte, die staunend, spöttisch und furchtsam von der Sichtung Schwarzer »Dandys und Dandettes« berichteten, die in urbanen Zentren Nord- und Südamerikas zeigten, was sie so draufhatten. Die Weißen hassten es und sie konnten nicht genug davon bekommen: Kreolische Lieder und Stücke mit karibischen Themen waren schon im 18. Jahrhundert mächtig in Mode in den großen Städten Europas, und Schauspieler wie Charles Mathews begründeten ihren Ruhm durch die »echte« Darstellung Schwarzer Amerikaner, deren Sprechweise, Gesang und Tanz sie imitierten. Stellt euch einfach Iggy Azalea vor, aber als Mann, wie er in Kniehosen auf der Bühne steht, Blackface – das Gesicht schwarz geschminkt –, und dem Londoner Publikum weismacht, dass es keinen Echteren gibt als ihn. Die Ostküste hoch und runter, in jeder Stadt gab es weiße Performer, Sänger, Autoren, die Schwarze Feste, Schwarze Feiern und Bälle verspotteten und sich zu eigen machten. Als der amerikanische Entertainer T. D. Rice auf die Idee kam, in Blackface-Aufmachung auf den Bühnen New Yorks umherzustapfen und sich als Jim Crow, wie er seine Figur nannte, in Schwarzen Sprech- und Tanzformen zu versuchen, da waren die Zutaten für diesen ganz speziellen Kuchen schon eine Weile bekannt. Schau dir den Kuchen an, mach ihn nach, klatsch ein bisschen Glasur drauf (nimm ruhig Schwarz) und verkauf das Ganze als komplett authentisch – Gratulation, schon bist du ein Bäcker.

So kam es, dass die Minstrel-Shows mit ihren Blackface-Darbietungen das Land im Sturm eroberten, Großbritannien folgte, dann Kontinentaleuropa. Noch einmal für die Kids in den hinteren Reihen: Das Muster aus Faszination, Verachtung und schamloser Aneignung, das den Minstrel-Shows ihre Form gab, bildet das Fundament, auf das die amerikanische Populärkultur gebaut wurde, und dabei denke ich nicht nur an die Vereinigten Staaten: Bei Rice klingen Mathews und englische Komödien des 18. Jahrhunderts nach, die in der Karibik spielen; Stücke mit kreolischen Liedern und Tänzen wurden auf französischen Bühnen aufgeführt, auch Klänge und Styles aus der Karibik waren im 19. Jahrhundert sehr beliebt in Frankreich, weshalb sich der Komponist Louis Moreau Gottschalk aus New Orleans auf den Weg dorthin machte, wo er seinen Lebensunterhalt damit verdiente, die Schwarze Musik, die er aus seiner Jugend kannte, mit europäischem Zuckerguss zu versehen. Das war ein halbes Jahrhundert bevor überhaupt jemand von Jazz redete. Im Paris der späten 1840er gehörte die Kunstszene allein der Bohème. Wenn die Hipster Ahnherren haben, dann die Bohemiens, müßige junge Männer, die der Konformität die Exzentrik und der Konvention die Kunst vorzogen. Und ob die Bürger nun verstehen mochten, was es mit dieser Kunst auf sich hatte, oder auch nicht, jedenfalls geriet dem Bohemien alles, was er machte, zu Kunst. Literatur natürlich, Malerei, klar, warum nicht, Musik vielleicht, seine Kunst konnte aber auch einfach darin bestehen, Unsinn zu reden, sich ausgefallen zu kleiden und sich ausgesprochen lässig zu geben. Die Verachtung, ja, die entschiedene Gegnerschaft gegenüber den Pfeilern der bürgerlichen Gesellschaft, in der sich die Bohemiens gefielen – Familie, Arbeit, Tugend, Geschmack und gesunder Menschenverstand –, ihr Kult des Vergnügens, der Kunst, des Frivolen: All das führte dazu, dass sich Verhaltensmuster entwickelten, die wir bis heute bei Künstler*innen und allen in ihrem Schlepptau voraussetzen.

Vermutlich ist es keine große Überraschung, wenn ich euch erzähle, dass es in Paris damals zwar ziemlich wenig Schwarze gab, überproportional viele aber in den bärtigen Rängen von *la Bohème*. Frankreich entwickelte ein eigenes merkwürdiges Verhältnis zu amerikanischen Schwarzen – und eine eigene Art der Auslöschung: Zwar ist die Bohème fester Bestandteil des kulturellen Renommees Frankreichs im In- wie im Ausland, doch von den karibischen Bohemiens findet sich keinerlei Spur mehr in der kollektiven Erinnerung. Der erste Name, der einem wahrscheinlich in den Sinn kommt, wenn man an diese Kreise denkt, ist jener von Charles Baudelaire, und vielleicht habt ihr sogar von der »Schwarzen Venus« Jeanne Duval gehört, der Schauspielerin aus der Karibik, die viele turbulente Jahre lang seine Partnerin und seine Muse war, aber mit etwas Pech kennt ihr sie nur aus den verleumderischen, herablassenden, sexistischen Darstellungen, die Generationen von Baudelaire-Forschern für sie reserviert haben – und in denen sie als ethnisch mehrdeutige Musenschlampe in der Nachfolge Hamelins erscheint. Szenefiguren wie Eugène Chapus und Melvil-Bloncourt aus der Karibik oder Victor Séjour aus Louisiana sind den meisten Franzosen überhaupt kein Begriff.

Und doch sind sich alle Beteiligten einig, dass der Inbegriff des Bohemiens ein Schwarzer aus Guadeloupe war, Alexandre Privat d'Anglemont. Seine Freunde und Bekannten haben ihn zweifellos bewundert, seinen dandyhaften Stil, seine lässige Haltung und seinen unfehlbaren Scharfsinn – aber ebenso deutlich ist, dass sie diese wundervoll dekadenten Aspekte wesenhaft mit seinem Schwarzsein verbanden. Anglemont war der absolute Bohemien, dem die Bohème-

Existenz quasi Natur war, denn seine exotische Erscheinung machte ihn zum Außenseiter, er war die perfekte Provokation der französischen Bourgeoisie und ihrer Werte, da seine Gegnerschaft zu dieser sich direkt über seine Haut artikulierte. Die weißen Bohemiens konnten seinem Vorbild nacheifern, ohne es jemals ganz einholen zu können. Der edle Wilde erschien als jemand, dessen Bild man imitieren, das man vervollkommnen wollte – das ist das Muster, das die Bohème etabliert hat. Es war dabei durchaus paradox, dass Anglemonts Hingabe an die Kunst und Kunstfertigkeit – den Stil – gepriesen wurde, während man ihm diese Qualitäten doch als natürliche Eigenschaften zuschrieb. Da also dieses Verhalten den weißen Bohemiens angeblich nicht im Wesen lag, mussten sie es sich erarbeiten, womit sie sich als umso höher entwickelte Bohemiens erwiesen.

Vielleicht musste Anglemont kichern, wenn er solches Lob hörte: Was wir über ihn wissen, stammt fast vollständig aus zweiter Hand, aus Berichten seiner Freunde und Bekannten, die ihn zwar schätzten, offensichtlich aber nie recht beurteilen konnten, wie viel von dem, was er ihnen erzählte, nun wahr, wie viel ausgedacht war. Zumindest hatten sie den Verdacht, dass Anglemont gern Quatsch erzählte. Allerdings konnte er Quatsch erzählen, ohne mit jenen Konsequenzen rechnen zu müssen, die Sklaven auf der Insel drohten, auf der er geboren war – oder in irgendeiner anderen Sklavenhaltergesellschaft Amerikas. Die, die besser aufpassen mussten, wenn sie Quatsch erzählten, haben zum Beispiel den Cakewalk erfunden: einen Tanz, der Mitte des 19. Jahrhunderts von Sklaven in den Vereinigten Staaten entwickelt wurde, eine Parodie auf die hölzern-steifen Gesellschaftstänze, die die Sklavenhalter so schätzten. Diese allerdings fanden das tolle Treiben so unterhaltsam, dass sie die besten Tänzer mit einem Kuchen prämierten – daher der

Name. Die Ironie daran solltet ihr ruhig ein bisschen auf euch wirken lassen und euch klarmachen, was für eine existenzielle Dimension »Hipness« in einer Lage hatte, in der zu viel Intelligenz und Witz einem Todesurteil gleichkommen konnten. Diese Tradition und Kunst kreativer Ironie kennt ihr wahrscheinlich unter dem Sammelbegriff »Signifyin'«: Man bedient sich der Sprache der Unterdrücker, wobei man etwas sagt, aber etwas ganz anderes meint. Oft brauchte es weit weniger als Spott, um die Brutalität der Sklavenhalter hervorzulocken: Warum riskierte man so viel, wo doch so wenig zu gewinnen war, nämlich nur eine kurze, klammheimliche Befriedigung? Ich will nicht so tun, als würde ich es in seiner Gänze verstehen, aber andererseits glaube ich, dass wir es alle kapieren: In solchen kleinen Akten, in denen wir Macht über unser Handeln gewinnen, liegt die Kraft, die uns am Leben hält, die unsere Seele speist. Während sie sich so über die Sklavenhalter lustig machten, aßen die Versklavten deren Kuchen (den sie schließlich beim Tanz gewonnen hatten), und in der folgenden Woche ging es weiter, noch ein bisschen schimmernder, ein bisschen ausgelassener, wobei – das war noch wichtiger – das Wissen darum zumindest so weit geheim gehalten werden musste, dass sich die Sklavenhalter ihrer Sache nie ganz sicher sein konnten. Hep zu sein (falls es das Wort damals schon gegeben hätte), das hieß vielleicht, den Witz zu begreifen, ihn überhaupt zu erkennen, während die Sklavenhalter, die auf einen herabsahen, sicher waren, dass sie komplett geblickt hatten, was lief. Alle afrikanischen Diaspora-Gruppen in Nord- wie Südamerika entwickelten vergleichbare Praktiken kultureller Sabotage und die Möglichkeit, diese zu verschleiern, wobei sie eine Ironie verwendeten, die für Dümmlichkeit gehalten wurde, und Codes einer Geheimsprache, geheime Zeichen verwendeten, die nur denen zugänglich waren, die James

Weldon Johnson, der Geschäftsführer der NAACP, später als »Freimaurer der Rasse« bezeichnen sollte: diejenigen, die Bescheid wussten, ob sie nun Sklaven waren oder nicht, die bald nicht mehr wirklich versklavt wurden, aber weiterhin derselben flächendeckenden Unterdrückung ausgesetzt waren und aus den endlosen Zitronen, die die Gesellschaft ihnen gab, immer und immer neue Sorten von Limonade machten. Die Coolness Schwarzer Amerikaner beruht also zu großen Teilen auf dem verbindenden Wissen, dass dieses Leben in einer weißen Gesellschaft ein gefährliches Spiel ist, dessen Regeln sich ständig ändern. Beim Signifyin' geht es um Call und Response, Ruf und Antwort, darum, Einlass zu finden, begrüßt zu werden, wobei jeder subtile Witz, jede Kopfbewegung sich als Frage an jemanden richtet: Verstehst du's? Hip?

Hip.

Aber hip zu sein kann nicht auf Dauer Sache eines Geheimwissens bleiben; diese zur Schau getragene Hermetik, diese behauptete, selbstbewusst präsentierte und herausgeschriene Andersartigkeit musste einfach andere anziehen, ob es sich nun um tatsächliche Sklavenhalter handelte oder Weiße aller Schichten, vielleicht sogar mit einem Mindestmaß an Mitgefühl für Schwarze Menschen. Auf jeden Anglemont kam ein Weißer, der ihn kommentierte und erläuterte, die ursprüngliche Coolness wurde von Augenzeugen auseinandergezupft und so wieder zusammengesetzt, dass sie einer breiteren weißen Öffentlichkeit präsentiert werden konnte. Dasselbe Muster wiederholte sich auf weiteren Ebenen, die Schwarze Kultur wurde in wiederkehrenden Zyklen zum Mainstream gemacht. Hier im Schnelldurchlauf, zu eurer Erbauung: Die Cakewalk-Welle ausgangs des 19. Jahrhunderts schwappte über in die beginnenden Minstrel-Shows und strömte ein in den Ragtime, bald dann in den Jazz, der

Eine »Cakewalk«-Tanznummer aus der musikalischen Komödie
»Florodora«, 1903 in Stockholm

seine Wurzeln im Blues hatte. Als diese Genres eindeutig Schwarzer Musik, entstanden in einer Gesellschaft der rassistischen Segregation, sich anschickten, die ganze Welt zu erobern und überall die Populärmusik zu verändern, waren sie wie von Zauberhand nicht länger Schwarze, sondern amerikanische Musik.

Frankreich wurde zur zweiten Heimat für den Jazz: Im Ersten Weltkrieg hatten die Franzosen sich gegenüber den afroamerikanischen Soldaten als halbwegs anständig erwiesen, und einige – wie der Bandleader Jim Europe – kehrten zurück, die neue Musik im Handgepäck. Viele Schwarze Künstler folgten ihrem Vorbild. Zu den frühen Anhängern des Jazz gehörten insbesondere Künstler der Avantgarde, deren verruchtes Image oft zumindest streckenweise ihrer schockierenden Bewunderung für die Künste der Afrikaner – bildende Kunst, Skulptur, Musik – geschuldet war. Der kubistische Maler Fernand Léger war maßgeblich beteiligt an der Organisation der Revue Nègre, einer Schwarzen Kabarettshow: Die Darsteller waren ein Trupp afroamerikanischer Musiker*innen und Tänzer*innen, darunter auch eine unbekannte Achtzehnjährige namens Josephine Baker. Sie tanzte gemeinsam mit Joe Alex, einem auf La Réunion geborenen Franzosen, einen zweideutigen, exotisierenden »Danse Sauvage« – auf der Bühne verbanden sich amerikanisches und französisches Schwarzsein für die lüsternen Blicke eines weißen Publikums. Die schmachtenden Berichte der faszinierten Kritiker taten das Ihre, Baker und Alex über Nacht berühmt zu machen. Die Revue bereitete den Weg für den Erfolg von amerikanischem Jazz, aber auch karibischer Musik. Musiker aus Martinique wie Alexandre Stellio und Sam Castendet feierten ihre größten Erfolge in Paris, als die plötzlich entdeckte Liebe der Franzosen zu allem Schwarzen dazu führte, dass auch die Großstädter die Musik der alten Kolonien für sich entdeckten. Sie ließen den Beguine beginnen, indem sie ihn nach Paris brachten, wo sich diese karibische Musik mit Jazz verband, noch bevor sie das amerikanische Festland erreichte.

Jazz wurde schnell zu einem internationalen Phänomen, das sich an der Schnittstelle von amerikanischer, französischer und karibischer Kultur entwickelte – mit ihren je eigenen Ausprägungen von Rassismus und Fetischismus. Die Fantasien und Illusionen, die weiße Franzosen mit Blick auf Schwarze Lebenswirklichkeiten in Amerika entwickelten, trugen zur Jazz-Begeisterung in Paris bei, aber sie blieben auch nicht ohne Wirkung auf weiße Amerikaner: Die hoffnungslos weißen Autoren der sogenannten Lost Generation – Zeitgenossen der Harlem Renaissance – hatten in den Vereinigten Staaten ziemlich wenig Berührung mit Schwarzer Kultur. Doch in Paris hingen Hemingway und seine Freunde im Kabarett von Ada »Bricktop« Smith ab, der afro-amerikanischen Königin der Nacht; Gertrude Stein, Alice B. Toklas und ihr Kreis (Djuna Barnes, Janet Flanner, Solita Solano) lebten hier in queerer und freier Liebe und sandten Berichte von den Verrücktheiten der Pariser Nächte in die Staaten. Die Coolste von allen aber war die Britin Nancy Cunard, eine Ikone der Moderne, Dichterin, Journalistin, Übersetzerin, eine Modebesessene und Mäzenin in der Kunst und Mode. Die heftigen Reaktionen, die sie ab den späten 1920er Jahren wegen ihrer Beziehung mit dem afroamerikanischen Pianisten Henry Crower erfuhr, führten zu ihrer Auseinandersetzung mit Rassismus und schließlich 1934 zur Herausgabe der *Negro Anthology*, eines umfangreichen Sammelbands, der die Künste und Kulturen der afrikanischen Diaspora dokumentiert. Was Cunard zur Ausnahmegestalt macht, ist, dass sie persönlich kaum von ihrer Nähe zur Schwarzen Kultur profitiert hat. Die Galionsfiguren der Lost Generation, mit einem Fuß in »Gay Paree«, im lebenslusti-

gen Paris, mit dem anderen in der amerikanischen Verlags-
welt, verstanden es, ihre Coolness in dieser Nachbarschaft
zur Schwarzen Kultur schillern zu lassen, indem sie sich mit
der Schwarzen Populärkultur einließen, aber auf eine so
feinsinnige wie ungefährliche Art und Weise – und damit ein
Modell entwickelten, das in der Genealogie der Hipness entscheidend werden sollte.

In Frankreich wurden afroamerikanische Künstler*innen
für ihr Können bewundert und respektiert, ganz anders als
in den Vereinigten Staaten – eine Tatsache, die Frankreich in
der afroamerikanischen Vorstellungswelt als Oase erscheinen ließ. Wer Bescheid wusste – Veteranen etwa –, nun, der
wusste Bescheid. Der war hip, auch wenn hip damals wohl
etwas ganz anderes meinte. Der berüchtigte 18. Zusatzarti-
kel zur US-Verfassung aus dem Jahr 1919 untersagte die
Herstellung, den Verkauf und den Besitz von Alkohol in den
gesamten Vereinigten Staaten, weshalb eine ganze durstige
Nation lernen musste, sich auf raffinierte Weise zu betrin-
ken. Vielleicht kannte man ein Speakeasy, einen »blinden
Tiger« oder ein »blindes Schwein«, oder man nahm seinen
Alkohol einfach mit, in dem Falle brauchte man ein unauf-
fälliges Gefäß für den Fusel. Einen Flachmann zum Beispiel,
eine »hip flask«. Hatte man die bei sich, war man ein Hipster, ein urbaner Cowboy, der bei Bedarf sein Fläschchen aus
der Hüfte ziehen und sich abschießen konnte.

Die Sache mit dem Alkohol tat sicherlich ein Übriges,
Frankreich attraktiv erscheinen zu lassen. In der Heimat
konnten die weißen Hipster wohl auch im Jazzclub ihren
Schnaps trinken, solange sie's einigermaßen diskret anstell-
ten, aber rein rechtlich gesehen war Alkoholkonsum keine
so entspannte Angelegenheit mehr. Ganz zu schweigen von
einer weiteren Kleinigkeit, nämlich dem brutalen Rassismus,
der in den Staaten herrschte: In den späten 1910er Jahren

meldete sich der Ku-Klux-Klan gewaltsam zurück, die Organisation war so groß wie nie zuvor – und das nicht nur im Süden. Damals gab es auch eine Welle von tätlichen Angriffen auf Afroamerikaner in den Großstädten, die ihren vorläufigen Höhepunkt im Roten Sommer 1919 fand, als Horden von Weißen randalierend durch Schwarze Viertel von Washington bis Chicago, von Baltimore bis Omaha zogen und Hunderte Menschen töteten. 1921 legte ein fanatischer Mob Greenwood, den Schwarzen Teil von Tulsa, Oklahoma, in Schutt und Asche, massakrierte Hunderte von Schwarzen, machte Tausende obdachlos – es gab in der Folge keinen einzigen Schuldspruch. Wenn sie gerade keine Schwarzen Menschen niedermetzelten, fanden weiße Amerikaner überall im Land Gefallen an verschiedenen Formen der Segregation.

Auch Jazzclubs wie der berühmte Cotton Club in New York entgingen dem nicht: Schwarze Gäste wurden vollständig ausgeschlossen (oder nur an bestimmten Abenden eingelassen), auch wenn das Personal oft komplett Schwarz war, ebenso wie die Unterhaltungsstars der Zeit. Die glänzenden Jazz-Stars fanden Anerkennung, aber nur um den Preis, dass der Jazz vom weißen Amerika verdaut und wieder ausgespuckt wurde. Stellt euch einmal vor: Der große Duke Ellington galt in den 1930ern wohl durchaus als musikalische Größe, doch als »König des Jazz« wurde ein Bandleader gehandelt, dessen Vorstellung, wie sich der Jazz verfeinern lasse, sich darauf beschränkte, weniger zu improvisieren, ein Weißer namens … Paul Whiteman. So einen Scheiß kann man sich gar nicht ausdenken.

Die Prohibition wurde 1933 aufgehoben, doch der Begriff »Hipster« blieb erhalten, wahrscheinlich mitsamt einiger seiner mehrdeutigen Untertöne, auch wenn es jetzt nicht mehr um Hoochie ging, um Fusel, sondern um Hoochie

Coochie, Blackbottom, Charleston, Jitterbug und dergleichen mehr: Die akrobatischen Tänze der Swing-Ära beherrschten die Tanzsäle, ob Schwarz oder nicht. »Nordische« Amerikaner, wie der Dichter Langston Hughes sie nannte, wollten zwar keine Schwarzen in ihren Clubs sehen, aber das hinderte sie nicht daran, sich uptown unters gemeine Volk zu mischen, um sich die neuen Tanzschritte abzugucken, die in Harlems Tanzlokalen probiert wurden. Da jetzt alle permanent tranken, brauchten die Hipster keine Flachmänner mehr, die Wahrheit lag direkt in den Hüften, und zurückgeschlagen wurde auf der Tanzfläche. Das Wort »Hipster« konnte Menschen jedes Geschlechts meinen und betonte die sexuellen Anklänge der Jazztänze: Vor Elvis the Pelvis gab es Hipster, Agent*innen tänzerischer Unreinheit. Das waren die Hipster, und dann gab es die Hepster, wieder einmal die, die einfach Bescheid wussten: Sie konnten tanzen, wie man tanzen musste, sie konnten sich bewegen, wie man sich bewegen musste, sie konnten reden, wie man reden musste. Der Insider der Jazzszene, der Connaisseur der Coolness, das war die »Hep Cat«, wie der große Swingsänger, der »Hi De Ho Man« Cab Calloway es in seinem *Hepster's Dictionary* (1938) definiert: »ein Typ, der alle Antworten kennt und den Jive draufhat«. Mit dem Swing erreichte das Vokabular afroamerikanischer Jazzmusiker*innen die Kreise der Fans und all der anderen, die sich in ihrem direkten Umfeld bewegten und die engere Szene ausmachten – eine Fachsprache, die eine Grenzlinie zog zwischen denen, die in, und denen, die out waren. Hip sein hieß also wiederum, etwas zu wissen, was andere – Szenefremde, Spießer – nicht wussten. Auf jeden Fall nicht, solange sie sich nicht Calloways Wörterbuch zulegten. Hip hip hurra.

1938 allerdings waren Jazz und Swing nicht nur fest etabliert im musikalischen Mainstream der USA, sie waren auch das, was überall auf der Welt als amerikanische Musik bekannt war. Calloways Wörterbuch kam also zweifellos zur rechten Zeit, es war allerdings auch ein sicheres Zeichen, dass die Schwarze Coolness einmal mehr verschlungen und verdaut worden war. Swing war die Musik, und die Hep Cats trugen Zoot Suits, überdimensionierte Anzüge mit dazu passenden überdimensionierten Hüten, womit ihnen die übliche Mischung aus Abscheu und Ehrfurcht sicher war – Nachahmer fanden sie noch vor Beginn des Zweiten Weltkriegs reichlich. Zweideutigkeiten und Signifyin' verschwanden nicht, doch die Musikindustrie hatte sich inzwischen eine Art von Musik zurechtgemacht, die sich verkaufen ließ und die da, wo sie sich verkaufte, immer mehr vom Gleichen produzierte. Die kleinen – individuellen oder kollektiven – Triumphe, die sich zwischen zwei Trompetensolos einst einstellen konnten, waren nur noch ein schwacher Trost, denn die Schwarzen Entertainer mussten nun zusehen, wie andere aus ihrer Musik Gewinn schlugen. Weiße Musiker*innen und Bandleader natürlich, aber vor allem die Musikindustrie, deren Obere das Geschäft beherrschten, talentierte Künstler abzuziehen, vor allem, indem sie den Musikern die Tantiemen für Plattenverkäufe vorenthielten. Die mächtige Musikergewerkschaft, die American Federation of Musicians, reagierte auf die Gier der Plattenfirmen mit einem massiven Boykott: Von 1942 bis 1944 durften professionelle Musiker, die Mitglieder der Gewerkschaft waren, zwar Konzerte spielen, Studioaufnahmen waren ihnen aber untersagt. Auch Jamsessions waren nicht erlaubt, bei Zuwiderhandlung konnte die Federation eine Geldbuße verhängen und tat das durchaus auch.

In dieser merkwürdigen Zeit war Minton's Playhouse in Harlem einer von wenigen Zufluchtsorten. Der Club wurde von Henry Minton betrieben, einem Schwarzen Gewerkschaftsvertreter. Hier konnten erfolglose Musiker*innen einen Schlafplatz finden und etwas zu essen bekommen, und auch das Jam-Verbot galt hier nicht. Minton's war ein sicherer Rückzugsort, und was dort geschah, als Schwarze Musiker zu später Stunde zusammen abhingen und experimentierten, ohne auf die Erwartungen des Publikums Rücksicht nehmen zu müssen, das hat die Musik auf ganz grundlegende Weise revolutioniert. Man erzählt sich, dass Charlie Parker, Dizzy Gillespie, Thelonious Monk, Miles Davis und die anderen sich an einer Musik versuchten, die weiße Musiker nicht spielen können würden – und während die ahnungslose Mehrheit weiterhin zu den hergebrachten Klängen tanzte, arbeitete diese kleine Gruppe daran, den Swing zu dekonstruieren und den Bebop zu entwickeln. Der Aufnahmeboykott trug dazu bei, dass diese Musik gewissermaßen ein Geheimnis blieb, das nur wenige Auserwählte kannten. Ihr ahnt schon, wie es ausging: Um den inneren Zirkel von Avantgardemusikern sammelten sich weitere Musiker, die von diesem Sound fasziniert waren, auch wenn sie ihn nicht unbedingt selbst spielen konnten, dann kamen nach und nach jene Zuhörer, die »es kapiert hatten«: zunächst nur die coolen Kids, sogar eine ganze Weile lang, aber mit dem Ende des Musikerstreiks und dem Ende des Kriegs schickte sich Bebop an, Amerikas Trommelfelle im Sturm zu nehmen.

Am Anfang aber verwirrte der Bebop genau die Leute, zu deren Verwirrung er gedacht war: diejenigen, die ihn nicht spielen konnten, die nicht verstanden, was da geschah und wie es geschah. Man muss eine gewisse Ironie anerkennen, die für dieses Genre charakteristisch ist. Coverversionen gehören seit langer Zeit zur Populärmusik, aber Bebop ging ganz anders mit vorhandenen Songs und Kompositionen um: Er nahm sie auseinander, machte sich lustig über sie, feierte sie, zitierte sie, um auf sie aufzubauen. Ein Cakewalk der Klänge. Bebop war komplex und listig – er zog sehr entschieden eine Grenzlinie zwischen denen, die's verstanden, und denen, denen das nicht gegeben war. Am Anfang entsprachen diese Grenzlinien durchaus denen einer Segregation, die in den USA allgegenwärtig war – doch die Kräfteverhältnisse sollten sich schnell umkehren. Ein altbekanntes Muster, denkt ihr euch jetzt und werdet damit auch recht behalten (ich danke euch für eure Aufmerksamkeit) – man könnte durchaus sagen, dass die afroamerikanische Musiktradition auch eine Tradition ist, in der Entertainer auf der Suche nach neuen Wegen sind, ihrem weißen Publikum mitzuteilen, dass es sie mal an ihrem Schwarzen Arsch lecken könne (siehe Amiri Barakas *Dutchman*). Aber das war Musik, zu der man nicht recht tanzen konnte, gespielt von Musiker*innen, denen anscheinend gar nicht daran gelegen war, dass man dazu tanzen konnte; das waren Entertainer, die einen anscheinend herausforderten, an Musik Gefallen zu finden, die alle vermeintlichen Gewissheiten auf den Kopf stellte. Eine Gelegenheit, sich als hip zu erweisen. Schon klar, was daraus wurde.

Zu unseren Zwecken hier empfiehlt es sich aber, noch ein wenig bei diesen Leuten zu verweilen, also bei den Nichtmusikern, die's kapiert haben. Die ersten Bebop-Hörer waren Schwarze, die, wie Langston Hughes, beim Namen dieses Genres an Polizei-Schlagstöcke denken mussten, die Schwarze Schädel zerschmettern. Das präzise Bewusstsein für Rassismus in Amerika hatten sie mit ihren Vorfahren gemein; was neu war, lag – wenn man den Ethnografen glaubt, die plötzlich auf der Bühne erschienen – in der existenzialistischen Note, die sie dem Ganzen gaben. Der Begriff fällt hier nicht zufällig. Der französische Existenzialismus wurde in den Vereinigten Staaten zu einer Szene. Das Paris, das die Amerikaner nach vier Jahren deutscher Besatzung vorfanden, hatte immer noch etwas Erregendes an sich: Saint-Germain-des-Prés, rauchende, schwarz gekleidete Bohemiens, die in Kellern hockten und Jazz hörten. Beat war damals noch kein Thema, afroamerikanische Musiker und Schriftsteller wurden willkommen geheißen, als wären sie endlich heimgekehrt: Richard Wright und James Baldwin ließen sich damals dort nieder, Charlie Parker und Dizzy Gillespie wurden von Boris Vian und Jean-Paul Sartre eingeführt, Miles Davis verliebte sich in Juliette Gréco. Wie bereits nach dem Ersten Weltkrieg war es die französische Art, Schwarze Künstler anständig zu behandeln, ihr Talent anzuerkennen und sie als menschliche Wesen wahrzunehmen, während das weiße Amerika sie einfach gar nicht wahrnahm. Die Geschichte der Hipness erinnert bisweilen an ein transatlantisches Pingpongspiel, und das war der zweite Satz.

Anatole Broyard geht in seinem »Portrait of a Hipster« von 1948 davon aus, dass das Wesen des Hipstertums im Streben nach Anerkennung liegt, was dramatisch ist, da es sich in einer Gesellschaft abspielt, die darauf ausgelegt ist, die Schwarze Existenz zu leugnen. In dem – bereits rückblickenden – Artikel argumentiert Broyard, dass die zunehmende Popularität der Bebop-Szene das Ende des Schwarzen Hipster-Experiments einläutete – wobei die Anerkennung, die mit dem Interesse weißer Intellektuellenzirkel einherging, paradoxerweise dieses Streben nach Anerkennung nicht zu einem Erfolg werden ließ, sondern seine schiere Vergeblichkeit vorführte, womit der Hipster einen Platz neben seinen Vorläufern im Diorama amerikanischer Subkulturen erhielt. Die Reflexion der Kritiker über Hipness war – und ist es noch heute – zu weiten Teilen eine Reflexion über Kritik. Hipness festzumachen, sie zu benennen, sie taxonomisch zu erfassen hieß, sie als Geheimwissen auszulöschen – und damit das Wesen der Hipness zum Verschwinden zu bringen. Genau das erkannte er an den Gruppen von Weißen, die sich im Morgengrauen aus den Jazzclubs schleppten, »through Negro streets«, wie Allen Ginsberg später heulen sollte, und die noch niemand Beatniks nannte. Hinreichend ironisch scheint auch die Tatsache, dass Broyard selbst ein Geheimnis hatte: Er ging sein Leben lang als Weißer durch. Auch das verweist auf die altbekannte Dynamik der Aneignung: Die Profiteure der Hipness, die Broyard beschreibt, suchten wieder einmal nach demselben, nämlich nach Schwarzsein. Aber das blieb unerreichbar.

Ansonsten haben sie allerdings ziemlich viel erreicht: Ende der 1950er waren Beatniks und Hipster der heißeste Scheiß, Eisenhowers Amerika wollte nichts mit ihnen zu tun haben und sie nichts mit diesem Amerika, sie trugen Bärte und Sandalen, sie lebten in Greenwich Village, wo sie ihre Tage mit Nichtstun verbrachten und nachts in verrauchten Cafés Lyrik lasen. Ein bisschen Saint-Germain an den Rändern von Eisenhowers Amerika – etwas frische Zutat für den ollen Kuchen. Die Hipster waren hip und sie sorgten sich, denn ihr bohemistischer Geschmack war ein bisschen riskant. Sie lebten in einem Viertel, in dem die Arbeiterklasse nicht fern war, und da konnte man sie besuchen, eine Art Slumming, aber angenehm weiß, durch und durch weiß. Es erschienen endlose Kommentare und Artikel, schließlich auch der bekannteste: Norman Mailers »The White Negro: Superficial Reflections on the Hipster«, veröffentlicht 1957 in *Dissent*. Über Mailers verschwiemelte Prosa ließe sich lange klagen (das Ding ist beinahe so lang wie zwei Kapitel in diesem Buch, also bitte!), angefangen bei seinem stark auf die Galle schlagenden Titel, doch es sei immerhin erwähnt, dass Mailer als »Ursprung des Hip« leidlich zutreffend den

»Negro« ausmacht, nur um dann auszuführen, dass dieser »die Lebenskunst des Primitiven in der ungeheuren Gegenwart« bewahrt habe: »Er vegetierte um der Samstagabende willen dahin, an denen er über die Stränge schlug, wobei er die Vergnügungen des Geistes zugunsten der lockenden Freuden des Körpers aufgab.«[15] Für Mailer geht es offensichtlich um die Befreiung des Einzelnen aus den Fesseln der Gesellschaft, mit anderen Worten: ums Morden und ums Ficken. Alles klar, Mann.

Den Großteil seines Essays über macht Mailer dasselbe, was schon so viele vor ihm getan haben: Er bestaunt die Magie Schwarzer Menschen. Was allerdings neu war – und deshalb entscheidender für unsere Chronik hier –, ist seine These, dass das Hipstertum dem neidischen Blick auf ein fantastisch imaginiertes Schwarzsein entspringt (das Mailer offensichtlich selbst für real hielt). Der Text sammelt Indizien, eine Beweisführung versucht er nicht, zumal Mailer – nicht untypisch für eine solche ethnografische Haltung – selbst offenkundig Teil dessen ist, was er zu analysieren vorgibt. Mailer nahm den Faden auf, den Broyard fallen gelassen hatte: Der Hipster war für ihn ein amerikanischer Held des Existenzialismus (vergesst die Franzosen!), wobei Schwarze Menschen in dieser Geschichte eher wie Rohstoffe erscheinen. Nein, kein Kuchen: Perlen, die still am Grunde des Ozeans darauf warten, von geübten Tauchern aus der Tiefe geholt zu werden, um Halsketten daraus zu machen oder was man halt sonst noch so mit Perlen anstellt. Viele haben die Augen verdreht, als sie Mailers Text lasen, aber die Aufgabe, auf die gleißende Weißheit dieser Überlegungen hinzu-

15 Norman Mailer, »Der weiße Neger. Einige Gedanken über den Hipster«, in: ders., *Reklame für mich selber*, Berlin: Herbig 1963, S. 369–391, hier: S. 374.

weisen, blieb an Herbert Gold hängen. »Ein farbiger Hipster wäre nach dieser Definition ein Negro Negro, ein Schwarzer Schwarzer«, so Gold, ein Nonsens, der auch dadurch nicht besser wird, dass Mailer selbst zahlreiche Schwarze Hipster kannte.[16] Mailer ging in seinem Essay von einem System kultureller und ökonomischer Ausbeutung aus, wobei er überzeugt war, dass er tief genug in die amerikanische Psyche tauchen könne, um all die anderen Taucher zu beobachten, und darüber gar nicht bemerkte, dass seine Aufgeblasenheit ihn immer wieder an die Oberfläche treiben ließ, wo er nichts sah als sein eigenes Gesicht, das sich in den Wellen, die sein Essay schlug, spiegelte.

Bei aller kritischen Distanz, die Herbert Gold gegenüber dem »White Negro« einnahm, ritt er doch auf derselben Welle, und das zu einem Zeitpunkt, da Mailers Hipster dem Beatnik gewichen war, der »nichts anderes war als der Hipster, aber parodiert und als kommerzielles Produkt verpackt … als Ware«, die sich zum Hipster verhalte wie »Cornflakes zu einem Maisfeld«.[17] So klang das, als die Kommentatoren einer längst vergangenen Zeit Nachrufe auf die Vorfahren der Hipster schrieben: Sie standen auf den Schultern Schwarzer Leute und gaben – paradox genug – vor, dass es vollkommen ausreichend sei, einen Schwarzen Beitrag zur Geschichte anzuerkennen, um diesen daraus verschwinden zu lassen. Wieder und wieder.

Und es wird einfach nicht besser.

16 Herbert Gold, »How to Tell the Beatniks from the Hipsters« (1960), in: Fred W. McDarrah, *Kerouac and Friends: A Beat Generation Album*, New York: William Morrow 1985, S. 166.
17 Ebd., S. 167.

Kapitel 3
HIPSTER-FASCHISMUS

Seit Anbeginn der Zeit waren die Bösen die mit den besten
Uniformen ... Ich meine, die SS-Uniform ist absolut großartig!
Das waren die Rockstars der Zeit. Was soll man machen?
Sie sehen einfach spitze aus.
> – Lemmy Kilmister, *The Guardian*, 7. Januar 2008

He, Leute, wie wär's mit einem Fashy? Nee, ihr nicht, Mädels. Hitler-Frisuren sehen bei Ladies einfach nicht cool aus.
Glaubt mir. Aber ihr, Jungs, das ist eine Frise für euch. Oder
auch nicht. Dieser Haarschnitt – High & Tight, Undercut,
HJ-Frisur, Fashy, nennt ihn, wie ihr wollt – ist eigentlich gar
nicht mehr cool. Schon klar, wenn jeder ihn hatte, ist's längst
wieder vorbei. Oder nicht? Haare sind nicht so wichtig, natürlich, natürlich. Aber sie haben eben ihre Bedeutung als
äußeres Zeichen, als Statement. Subkulturen und Moden
präsentieren sich der Welt mit einem Haarschnitt. Der Undercut ist Ausdruck einer Subkultur, die gern den Einfluss
haben will, den man als Teil der Mehrheit hat, ohne auf die
Insignien zu verzichten, die mit dem Status einer Minderheit
verbunden sind. In diesem Sinne ist er der Inbegriff von
Weißsein. Die jüngste Wiederkehr des Hipsters ist sich ihrer
Ethnizität durchaus bewusster – besser wird das dadurch allerdings eher nicht. Der Hipster des 21. Jahrhunderts kün-
digte die Trump-Ära an, die Ära unverfroren selbstgewisser
weißer Vorstöße in Sachen innere Kolonisierung. Genau wie
früher, nur mit einem kräftigen Anstrich von Ironie – für den
Fall, dass man das Ganze irgendwann lieber dementieren
will.

Den Radiohead-Song »Karma Police« habe ich gehört,
als sie gerade ihr drittes Album *OK Computer* veröffentlicht
hatten – ich bin nämlich schon groß und lebe bereits ein ganzes Weilchen. Es war bei einer lustigen Party in irgendeinem

fremden Haus, ich erinnere mich vor allem an die allgemeine Ausgelassenheit, die in krassem Kontrast stand zu der beiläufig finsteren Stimmung unheilvoller Vorahnungen, die dieses Album ausstrahlte. Es lief komplett durch, von Anfang bis Ende, immer wieder. Aber mir geht's hier weniger um die Musik als um das Mädchen, das in den Lyrics vorkommt – das mit der Hitler-Frisur, das auf der Liste möglicher Fälle für die Karma-Polizei landet. Irgendwas an der Frisur schlägt dem Song-Ich auf den Magen. Verständlich.

Die Hitler-Kombination von angeklatschtem Scheitel und Charlie-Chaplin-Bärtchen ist zu einer Marke geworden, die auch ohne zugehöriges Gesicht leicht zu erkennen ist – oder auch wenn sie jemand anderem angepappt wird. Coole Frauen versuchten sich in den 1990ern an schickeren Variationen jener furchtbaren Asymmetrien der Punk-Ära, aber dieser spezielle Schnitt war 1997 weder unter Frauen noch unter Männern besonders weit verbreitet, außer eben in bestimmten Kreisen, und es war bestimmt nicht nett gemeint, wenn man ihn eine Hitler-Frisur nannte: Was auch immer der Sänger gegen das arme Mädchen hat, er zieht ihre stilistischen Entscheidungen gehörig in den Dreck. Ich meine, er hätte den Haarschnitt doch auch anders nennen können. Die Frisöre machen das schließlich auch.

Die Beliebtheit des Undercuts hat mit der österreichischen Sau gar nichts zu tun: Allgemein geht man davon aus, dass er im ausgehenden viktorianischen Zeitalter auftauchte und in der englischen Arbeiterschicht und unter Schlägertypen auf der Straße besonders angesagt war. Es war ein eleganter und stylisher Look, und es heißt, dass er aus diesem Grund auch unter Soldaten im Ersten Weltkrieg beliebt war und es auch nach dessen Ende blieb. In den 1930ern war der Haarschnitt allgegenwärtig, eben auch auf den hohlen Schädeln der Nazis, von der Hitlerjugend bis zur

Gestapo. Auch in der zweiten Hälfte des 20. Jahrhunderts war die Frisur niemals ganz weg, aber als längere Haare wieder modern wurden, nicht zuletzt als Absage an den angeblichen Konservativismus von Kurzhaarfrisuren, nahm der Undercut eine merkwürdige Zwischenstellung ein – aggressiv in seinem scharfen Kontrast von kurz und lang, politisch schwer einzuordnen. In den 2010er Jahren war er wieder allgegenwärtig, wie die Hipster. Während hippe Frauen sich gern bei coolen Haarmoden ganz verschiedener Jahrzehnte bedienen, Rosie-the-Riveter-Hochsteckfrisuren wiederentdecken, die selten besungene Vielfalt des Ponys vorführen, sich an ironischen Dauerwellen versuchen, gefärbt oder nicht, trotten die männlichen Hipster wie die Schafe zum Scheren und wollen nur eins: einen Fascho-Haarschnitt. Bis zum 21. Jahrhundert konnte man das vor allem in Kreisen beobachten, in denen es schon klarging, dass man sich die Seiten rasierte UND den Rest der Haare so lang ließ, dass sie über die Augen hängen konnten – nämlich in den Subkulturen des Skinhead/Punk-Nebels. Und in der Kultur- und Politgeschichte des Haarschnitts konnte jeder Zentimeter von gewaltiger Bedeutung sein. Nun, nun.

Was dieses Streben nach bedeutsamer Haarlänge angeht, entschlossen sich die Skinheads in den 1960ern zu einem besonders drastischen Kommentar: Sich zur Hochzeit der Flower-Power-Ära den Schädel kahl zu rasieren und sich anzuziehen, wie es einem Mitglied der Arbeiterklasse geziemte, war zweifellos ein modisches Statement – wenn auch ausgerechnet 1969 sicherlich kein besonders hippes. Vermutlich ist inzwischen keiner von euch mehr besonders überrascht, dass selbst die Skinhead-Mode, die so eng mit der Mod-Mode zusammenhing, sich, was Kleidung und Musikgeschmack betrifft, offenkundig bei der Mode jamaikanischer Rude Boys bediente. Die Mods brachten ihre Ablehnung des Hippie-Styles und der Hippie-Politik zum Ausdruck, indem sie sich einer bestimmten Form von Working-Class-Chic verschrieben: geschorene Köpfe, ordentlich gebügelte Button-Down- und Polohemden, Hosenträger, hochgekrempelte Jeans und Arbeitsstiefel. Die Frauen zeigten sich in ganz ähnlicher Aufmachung, manchmal tauschten sie ihre kurzen Röcke und ihre Mary Janes auch gleich gegen dieselbe Stiefel/Jeans/Poloshirt-Kombination, wie die Männer sie trugen. Sie hatten kurze, durchgestufte Haare. Anfang der 1970er entwickelte sich daraus eine spezielle Frise: der Chelsea Cut, bei dem das Haar am ganzen Kopf sehr kurz geschnitten, hinten allerdings lang gelassen wird und vorn in einzelnen Strähnen bis zu den Augenbrauen hängt: ein mutierter Vokuhila, wie man ihn sich nur in den Tiefen der Hölle ausdenken konnte. Die Musik, die die Skinheads hörten und in ihren eigenen Variationen spielten, stammte aus Jamaika und war eng mit der Rude-Boy-Kultur verbunden: Rocksteady und Ska. Die Skinheads waren fasziniert von transatlantischen Mythen über harte Working-Class-Typen, die in bewusstem Kontrast zur Peace-and-Love-Programmatik der Hippies und ihrer Nachfolger standen, und ergingen sich in Gewalt: gegen Hippies, gegen Südasiaten, gegen Rocker. Die erste Welle der Skinheads währte nicht lang: 1972 war kaum noch was von ihnen zu sehen, sie gingen – gekostet, durchgekaut, ausgespuckt – in den Szenen auf, die sich nun um Glamrock und Pubrock entwickelten.

In den Vereinigten Staaten machten die Skinheads damals keine Schule, aber es gab dort vergleichbare Entwicklungen: In den frühen 1970ern verwendeten die Rockkritiker Dave Marsh und Lester Bangs erstmals den Ausdruck »Punkrock«, um den unverfälschten, rohen und krassen Garage Rock und seine direkten Ableger zu bezeichnen, etwa die New York Dolls oder Detroiter Bands wie die Stooges und

MC5. Ganz ähnlich wie die britischen Skinheads richtete sich auch der amerikanische Punkrock gegen die gekünstelte Sonnigkeit der in die Jahre kommenden Hippies mit ihrer Musik und ihrem Style und gegen die Aufgeblasenheit des Progrock. Punkrock entstand aus dem Aufeinandertreffen von Popmusik und radikaler Kunst – und die Hauptstadt ihrer Pioniere war New York. The Velvet Underground – Andy Warhols Protegés –, Patti Smith, die New York Dolls, Television, die Ramones, die Dictators, Blondie und andere waren Teil einer stilistisch ausgreifenden, zunehmend einflussreichen Bohème, deren Revier sich immer weiter in den Osten New Yorks verlagerte. Die Beatniks hatten sich noch in Greenwich Village breitgemacht, die hippe (Kunst-)Szene der 1960er, 1970er Jahre wanderte allmählich ab ins East Village mit Max's Kansas City (1981 geschlossen), in die Lower East Side mit dem CBGB's (1973–2006) und dem Punkrock, nach Tribeca mit dem künstlerischeren Mudd Club (1983 geschlossen), bis sie schließlich die Brücke überquerte und Williamsburg erreichte. Der Protopunk gedieh in eher heruntergekommenen Umgebungen, die zudem relativ günstig waren, doch in vielerlei Hinsicht machte es seine Aura aus, dass er sich *in* diesen Gegenden zeigte, ohne *aus* ihnen zu stammen; es war sozusagen eine ästhetische Entscheidung, sich dieser Nachbarschaft anzuverwandeln, keine Frage sozialer oder ethnischer Zugehörigkeit. Die Medien, aber auch viele der Akteure selbst behaupteten rasch eine Unvereinbarkeit, ja eine ausgeprägte Feindschaft zwischen dieser Musik und ganz unterschiedlichen kommerziellen Genres der Zeit – auch zu solchen, die wie Funk oder Disco als Schwarze Musik markiert waren. Es gehörte gerade zum Appeal von Punk, dass er angeblich nicht gefallen wollte, dass er den Gedanken, ansprechend zu sein, zornig von sich wies, auch wenn dieser Zorn natürlich seinerseits durchaus verfeinert, durchdacht, einstudiert sein mochte. Jedenfalls passte es gut zum Spirit dieser Szene, dass sie ihre Heimat in einem Teil der Stadt fand, der als wenig attraktiv galt – die Lower East Side galt als gefährlicher, gesetzloser, wilder Ort an den weißen Außenrändern. Im Gegenzug erwies sich diese Szene als Speerspitze der Gentrifizierung, ihre Akteure als innerstädtische Grenzbewohner, die den Ureinwohnern das eine oder andere abguckten, nur um dieses Wissen dann effektiv einzusetzen und ihr Land (zurück) zu erobern.

Von den MC5 einmal abgesehen waren Protopunk und früher Punkrock größtenteils offen unpolitisch, teilweise auch antipolitisch, eine Einstellung, die in einer Vielzahl ikonoklastischer Haltungen Ausdruck fand. Denkt etwa an die Kleidung der Punks: mutwillig schrill mit scheinbar nicht recht passenden, umfunktionierten Kleidungsstücken, schief zusammengenähten Fetzen, dazu Nazi- und Sowjet-Abzeichen für den Schockeffekt und stachelige, asymmetrische Frisuren. Man geht üblicherweise davon aus, dass es Vivienne Westwood und Malcolm McLaren waren, die diese Provokationen aus den USA nach England brachten: Bevor sie sich in ihrer von den Situationisten beeinflussten schwarzen Magie daran machten, aus dem Nichts die Sex Pistols zu erschaffen, die zweiteinflussreichste Boygroup aller Zeiten, hatten Westwood und McLaren, die begriffen, dass die Pose so wichtig war wie die Musik, die New York Dolls mit Outfits und Rollen für die Öffentlichkeit ausstaffiert.

Aber die beiden Brits mit ihrer totalitären Modemasche waren nicht die Ersten, die sich mit der Faszination für Faschismus am Rock zu schaffen machten. David Bowie hat in den 1970ern keinen Hehl aus seinem Interesse an Nationalsozialismus und Okkultismus gemacht, und in den frühen Tagen des Punk gab er den Thin White Duke, ein unheimliches, kokaingetriebenes Alter Ego, das einen Lobgesang auf die Führerschaft der Faschisten anstimmte und gern einmal die Rockstar-Qualitäten Adolf Hitlers lobte. Damit war Bowie, wie so oft, seiner Zeit voraus: Der britische Punk war überreich an oberflächlichen NS-Anklängen. Mick Jones' Pubrockband London SS, sein Projekt vor The Clash, die Vibrators mit ihrem Songtitel »Nazi Baby«, die Faszination des Joy-Division-Frontmanns Ian Curtis für die Nazis (siehe etwa den Song »Warsaw«, der den Geist von Rudolf Heß heraufbeschwört, oder den trommelnden Hitlerjungen auf dem Cover von *The Ideal for Living*), »Belsen Was a Gas« von den Sex Pistols, Sid Vicious mit seinem Hakenkreuz-Shirt – all das waren offenkundig keine politischen Bekenntnisse, sondern Versuche, die Eltern, das Bürgertum, das Establishment zu schocken, durchaus erfolgreich, zumindest eine Zeit lang.

Provokation ist nicht unschuldig. Kein Zwanzigjähriger, der in den 1970ern in Europa oder in den Vereinigten Staaten aufwuchs, war sich im Unklaren über die Konnotationen und die politische Aussagekraft eines Hakenkreuzes, besonders in einer Zeit, da in Großbritannien ethnische Konflikte ausbrachen. Ende der 1970er feierte die faschistische British National Front bei regionalen Wahlen Erfolge und versuchte, auch auf der nationalen Ebene Aufmerksamkeit zu erlangen – auf den Straßen, in den Fußballstadien und Konzertsälen, überall eben, wo sich frustrierte weiße Kids fanden und für ihre Sache gewinnen ließen. Die Skinheads, die in den Anfangstagen des Punk wieder Boden gewannen, waren ein besonders sichtbarer Teil dieser Entwicklung. Während Revival-Bands der späten 1970er (Madness, The Specials usw.) an die ursprünglichen Vorlieben und Einflüsse der Szene anknüpften, begeisterten sich viele der neuen Skinheads für Oi!, ein Genre, das mit Ska und Reggae herzlich wenig im Sinn hatte. Diese Abkehr vom Sound und der Kultur der Karibik neigte den Dissonanzen des Punk zu, aber es war auch eine Wendung zum Weißsein. Die »eingefrorene dialektische Beziehung zwischen weißen und schwarzen Kulturen«, die Dick Hebdige beschrieben hat,[18] kühlte noch einmal gehörig ab.

Zwar gab es unter den Skinheads der zweiten Welle auch überzeugte Linke und Sozialisten, aber der Großteil bezeichnete sich als »unpolitisch« – wobei das Beharren auf Neutralität angesichts der zunehmend polarisierten Stimmung einigermaßen suspekt wirkt –, und einige, die sich selbst als Faschisten oder Nazis bekannten, gereichten der Bewegung zur Schande. Unverblümt faschistische Gruppen waren in der britischen Politik randständig, doch Ende der 1970er Jahre nahm ihre Popularität auffällig zu, und sie machten sich auf die Suche nach tatkräftiger Unterstützung – ein Vorgang, der Schule machen sollte. Rassistische Skinheads agierten als Straßenmiliz für National Front und British Movement. Die Posterboys dieser Liebe zum Faschismus waren zweifellos Skrewdriver, ursprünglich eine Oi!-Band, die sich bei ihrer Neuformierung in den 1980ern eindeutig als Nazis positionierten, ihr Frontmann Ian Donaldson war Parteimitglied der BNF. Jamaikanische Popkultur und -musik blieben allerdings auch für die britischen Punks und Zweite-Welle-Skinheads eine wichtige Referenz, Reggae war ein verwandtes, wegweisendes Genre, das tief in den politischen Diskurs verwoben war. Nihilismus war im britischen Punk allgegenwärtig, aber Punk trat auch an, sich aktueller Themen anzunehmen, üblicherweise aus einer ziemlich radikalen Perspektive und mit ein wenig Bewusstsein für Ethnizität: Erinnert euch

---

18 Dick Hebdige, *Subculture: The Meaning of Style*, London: Routledge 1970, S. 69f.

an die erste Single von The Clash, »White Riot«, deren Lyrics – die auf die Zusammenstöße zwischen Schwarzen Jugendlichen und der Polizei beim Notting Hill Carnival 1976 zurückgingen – weiße Jugendliche in England ermutigten, dem Vorbild der Schwarzen Protestierenden zu folgen.

Die US-Punkszene pflegte ein offenes, kollaboratives Verhältnis zur Schwarzen Kultur – die wohl einflussreichste Hardcore-Band waren die Bad Brains, eine Schwarze Gruppe aus Washington, deren legendäre Konzerte eine Szene hervorbrachten, der wir Henry Rollins, Minor Threat und Fugazi verdanken, um nur die bekanntesten Beispiele zu nennen –, doch dieses Verhältnis war auch immer wieder sehr angespannt. Politisch schien in den Vereinigten Staaten in der Frühzeit des Punk weniger auf dem Spiel zu stehen, doch es kam schnell zu ähnlichen Entwicklungen. Mit Blick auf die New Yorker Szene des Jahres 1979 stellte Lester Bangs fest: »Nach einiger Zeit schlägt dieses beiläufige, gar ironische Hantieren mit den Totems des Fanatismus um und erweist sich als das wahre Gift.«[19] Ironie – ohne Zweifel eine der liebsten Übungen des Hipstertums – ermöglicht es einem, den Kuchen zu essen *und* etwas davon zu behalten, und zwar für alle Zeiten. Das rebellische Auftreten, das für Hipster wie Avantgardisten so typisch ist, kann entweder zu politischem Handeln oder zumindest zu politischem Diskurs führen oder aber dahinter zurückbleiben, dann hat man Sarkasmus, aber keine Kritik. Wenn man's lang genug so treibt, dann ist es Sarkasmus um des Sarkasmus willen, eine Haltung, die von allem Ernsthaften, was passiert, immer etwas wegnehmen muss. Mit Blick auf seine eigene Anfälligkeit

19 Lester Bangs, »The White Noise Supremacists«, *Village Voice*, 30. April 1979, https://www.villagevoice.com/2020/01/05/the-white-noise -supremacists/

für ironische rassistische Bemerkungen schreibt Bangs: »Ein weiterer Grund, auf all diese kleinen verbalen Querschläger zu verzichten, besteht darin, dass es letztlich egal ist, wie man sie gemeint hat, man kann so etwas einfach nicht sagen, ohne das Risiko einzugehen, dass irgendein fanatisches Arschloch sie falsch versteht; was dir als Ironie recht ist, passt ihm vielleicht nur zu gut in seinen Hass.«

Da haben wir's. Anfang der 1980er musste man schon überaus naiv sein, um anzunehmen, dass sich die Punkszene und ihre Ableger ernsthaft unpolitisch geben konnten: Brutaler Rassismus, der zum amerikanischen Alltag gehört, war auch im Punkrock zu finden. Die rhetorische Grenze, die zwischen ironischen und heimlichen Nazis bestehen mochte, wurde immer wieder überschritten, als ganz gewöhnliche Nazis auf Punkkonzerten erschienen, ob sie dort nun willkommen waren oder nicht. Eine Verbindung, die in der Hölle gestiftet wurde – oder in Orange County, Kalifornien, wo der KKK, Tom Metzgers White Aryan Resistance und Bob Heicks American Front sich – genau wie ihre britischen Kollegen – daran machten, unter den Punks Nachwuchs zu rekrutieren. An Kaliforniens sonnigen Stränden machten sich auch die ersten Nazi-Skinheads der Vereinigten Staaten breit. 1981 veröffentlichten die Dead Kennedys ihre Single »Nazi Punks Fuck Off«, die von Kämpfen handelt, wie sie immer üblicher wurden, als die Kahlschädel mit den zunehmend politisierten, oft dem Anarchismus zuneigenden Punks zusammenstießen.

Die Punk- und Postpunkszene waren für die Hipster der ausgehenden 1990er Jahre sehr wichtig – als verehrte Vorläufer, als frei verfügbare Quelle und Exempel, ob ernsthaft oder ironisch, etabliert oder obskur. Sie zeigen auch, dass die Hipster nicht über Nacht zu Nazis geworden sind. Bei den Ablegern des Punkrock fanden die Bildwelten des NS und des Faschismus mehr oder minder subtil Verbreitung. New Wave – Anfang der 1980er noch eng verbunden mit den aufkommenden Industrial- und Electro-Szenen – trug viel dazu bei, dass die Ästhetik totalitärer Regime als »cool« gelten konnte. Viele New-Wave-Bands traten einheitlich in Anzug und Schlips auf, wenn sie nicht gleich in Uniformen schlüpften. Joy Division sind das einschlägige Beispiel, allerdings beschränkte der Trend sich nicht auf Punkrock: Man braucht nur an Kraftwerks Album *Die Mensch-Maschine* von 1978 zu denken, auf dessen von El Lissitzky inspiriertem Cover die Bandmitglieder alle in rotem Hemd mit schwarzem Schlips und angelegten Haaren posieren, oder auch an die Outfits, Albumcover und Videos von Borghesia und Laibach (Slowenien) bis Front 242 (Belgien). Sound- und Sprachsamples aus dem Zweiten Weltkrieg waren in den neuen Genres elektronischer Musik weit verbreitet. Auch hier wäre anzumerken, dass Welten liegen zwischen der gewollten Provokation von »I'll Meet You in Poland Baby« von Foetus – einem Song mit cartoonartigen Lyrics, die mit Hitler-Stimme vorgetragen werden, während im Hintergrund Bombenalarm und deutsche Ansprachen zu hören sind – oder sogar Bands wie Whitehouse mit ihren schaurigen, geschmacklosen Hymnen auf Serienmörder, extreme Gewalt und Missbrauch einerseits und den faschistischen Überzeugungen, die in den musikalischen Ergüssen der sogenannten Neofolk- und neuheidnischen Szene Ausdruck fanden, andererseits. Doch in diesen Welten – in diesem Spektrum – können Hörer*innen, Fans und politische Akteure vergnügt umherstreifen.

Dark- oder Neofolk entwickelte sich in den späten 1980ern an der Schnittstelle von Punk, Folk und Industrial und wurde getragen durch die Faszination für Okkultismus und Heidentum, die als Ausdruck einer europäischen

Kulturtradition galten. Die Szene entstand rund um exzentrische Figuren wie den Briten Douglas Pearce, Gründer und treibende Kraft der Band Death in June (deren Name an die »Nacht der langen Messer« erinnert, in der die SS die Führung der SA massakrierte, und deren Songs immer wieder von Okkultismus und Nationalsozialismus handeln) oder den Franzosen Erik Konofal und sein Ein-Mann-Projekt Les Joyaux de la Princesse, dessen Alben sich stets um Figuren und Ereignisse der Zwischenkriegszeit und des Zweiten Weltkriegs drehten – nicht zuletzt um Philippe Henriot, den »französischen Goebbels«. Beide Musiker traten gern in fragwürdigen Uniformen auf: Pearce trug die Kleidung der Waffen-SS, Konofal die Uniform der protofaschistischen französischen Paramilitärs vom Croix de Feu. Wie so viele Künstler, die in diesen trüben Gewässern fischen, berufen sich Pearce und Konofal gern darauf, aus historischer Neugier zu agieren. Auch Boyd Rice, zweifellos die kontroverseste Figur in der Experimental/Industrial-Szene, ist zwar berüchtigt, weil er sich von der Zeitschrift *Sassy* gemeinsam mit Bob Heick in der Kluft der American Front abbilden ließ und Gast in Tom Metzgers Fernsehshow *Race and Reason* war, er bestreitet aber dennoch, Rassist zu sein. Er trollt doch nur ein bisschen. Versteht ihr keinen Spaß oder was?

In vielen Ländern wurden die Skinheads immer präsenter, nicht zuletzt, da sie an aufsehenerregenden Gewaltakten beteiligt waren. Vor allem in Europa wurden sie zu Feindbildern, da sie Teil einer Hooliganszene waren, deren Gewalt in den Stadien krasse Ausmaße annahm. 1985, beim Endspiel des Fußball-Europapokals zwischen dem FC Liverpool und Juventus Turin im Brüsseler Heysel-Stadion, gingen Hooligans aus Liverpool auf Juventus-Fans los. Die Schlägerei endete mit 39 Toten und Hunderten Verletzten.

Nach der Katastrophe ging einige Zeit das Gerücht, dass die Gewalt durch Chelsea- und Leeds-Fans ausgelöst worden sei, englische Mannschaften, deren Unterstützer für ihre gewalttätigen Skinhead-Gruppierungen bekannt waren, während Liverpool-Fans mit den Gewerkschaften und linker Politik assoziiert waren. Diese Legende – ob sie nun als Irrtum oder Lüge in die Welt gekommen war – verdeutlicht, welche Aura Skinheads damals umgab, zumal Skinheads auf dem Festland wie die Boulogne Boys, die den Pariser Verein Saint-Germain unterstützten, die Curva-Nord-Ultras von Lazio Rom oder die Zenit-St.-Petersburg-Fans Landskrona und viele mehr durch die rassistische Beleidigung von Spielern und Gewalt in den Rängen von sich reden machten.

In der Folge der Heysel-Tragödie, nach der englische Vereine von allen europäischen Wettbewerben ausgeschlossen wurden, und der Hillsborough-Katastrophe 1989, bei der 96 Menschen durch eine Massenpanik im Stadion starben – woran Hooligans, wie sich herausstellte, keine Schuld trugen, auch wenn die Behörden sie ihnen zuschoben, um von ihrer eigenen Verantwortung abzulenken –, griffen die englischen Behörden hart gegen gewalttätige Fußballfans durch, außerdem kam es zu baulichen Veränderungen in vielen Stadien und zu stärkeren Besucherkontrollen. Innerhalb eines Jahrzehnts wurde die Stadionkultur quasi ausgelöscht, wodurch sich Hooligans gezwungen sahen, im Stadion ihr Temperament zu zügeln – und ihren Style zu ändern. Die 1980er waren die Zeit der sogenannten Casuals, die Sportschuhe mit verschiedenen Kleidungselementen verbanden, unter anderem solchen des Skinhead-Stils, der bestimmte Marken favorisierte: Poloshirts von Fred Perry, Hemden von Ben Sherman und Doc-Martens-Stiefel. In den 1990ern waren diese Elemente bereits weitgehend im Mainstream angekommen.

Über die Launen der Fußballer-Haarmoden ließe sich viel sagen. Der Vokuhila, wie er auf Deutsch heißt, ist in Frankreich unter dem englischen Namen »mullet« bekannt, davor wurde er dort »Chris Waddle« genannt, nach dem englischen Mittelfeldspieler, der – warum auch immer, wie auch immer – dieses Kapitalverbrechen gegen die Friseurkunst unter französischen Jugendlichen populär machte, als er Ende der 1980er für Olympique Marseille spielte. Der Skinhead-Style hat es allerdings nicht aufs Spielfeld geschafft, so auffällig präsent er in den Rängen auch war – mit der Ausnahme von Paolo Di Canio, der sein Haar extrem kurz, aber mit Koteletten trug und gern mal den Hitlergruß zeigte. Doch um die Wende zum 21. Jahrhundert kam der Undercut über die Fußballfelder wie eine biblische Plage, und von mir aus müssen wir David Beckham nicht die Schuld dafür geben, allerdings verkörpert er gleich mehrere damals neue Entwicklungen: Er war einerseits eine Celebrity – ein solches Ausmaß an Bekanntheit war zuvor undenkbar gewesen. Berühmt waren Fußballer auf der ganzen Welt seit Langem, aber in den 1990ern strömte mehr Geld als je zuvor in den Sport, vor allem in Form von Werbeverträgen und Sponsoring, die zunehmend individuell verhandelt wurden. Der Fußball kannte auch vor Beckham Weltstars, aber keiner von denen war so bedacht auf sein Image. Beckham war nicht der erste Fußballer, der auf sein Erscheinungsbild achtete, aber er hat es auf neue Höhen getrieben, und was seine Haare angeht, hat er den Undercut massentauglich gemacht.

Halten wir an der Stelle einen Moment inne.

Denkt mal nach: Es dürfte schwerfallen, ein Gesicht zu nennen, das um die Jahrtausendwende weltweit bekannter gewesen wäre als das Beckhams; eine Art von Ruhm, die dem Hipstertum gänzlich fremd zu sein scheint. Beckham, der mit einer Fashionista, dem Spice Girl Victoria, verheiratet ist, gab sich dem Zeitgeist hin, er ritt die Modewellen, statt ihnen zu folgen, weshalb man ihn als Symptom einer globalen Banalisierung der Hipness bezeichnen könnte. Es gehört zum zyklischen Wesen der Mode, dass die Vorhut stets vom Mainstream eingeholt wird, doch die Art, wie Medien zirkulieren, führte neben anderen Faktoren zu einer neuartigen Situation: Um die Jahrtausendwende befand sich das Hipstertum in einer paradoxen Position, nämlich in einer globalen Nische. Bevor der Undercut auf den Köpfen der Fußballspieler aufblühte wie Mohnblumen auf einem Feld in Flandern, war Beckham eine Nischenerscheinung, die jede Woche von Millionen Menschen gesehen wurde, auch in den USA, was bemerkenswert ist, da das Land bis dahin dem Fußball und damit einhergehenden Moden eher gleichgültig gegenübergestanden hatte.

Damit es klar ist: Nicht einmal Beckham hätte es geschafft, die Amerikaner so zu beeinflussen. Aber er war ja nicht der Einzige, der einen Undercut trug. Der »Hitler Youth« oder »Jugend«, wie der Schnitt hier von einigen genannt wurde, wurde schnell zum Erkennungszeichen des neuen Hipstertums, kombiniert mit komplizierten, viktorianisch anmutenden Bärten. Alles Spaß natürlich. Alles ironisch, okay? Und was das Tolle an der Ironie ist: Sie lebt von der Mehrdeutigkeit, weshalb sie sich überhaupt nicht vereinnahmen lässt.

Was einen strengen, kurzen Undercut in den frühen 1990ern ideologisch suspekt erscheinen ließ, war, dass sich die oben beschriebenen Tendenzen in diesem Schnitt trafen. Er gehörte zum ironischen Arsenal der New-Wave-Typen. Er erinnerte eher an eine bestimmte Epoche, als dass er für spezifische politische Allianzen stand, obwohl in einer Mehrzahl der Fälle Verweise auf das Dritte Reich nicht ausblieben. In einer Zeit, da viele faschistische Parteien Strategien entwickelten, um respektabler aufzutreten, wurden die kahlgeschorenen Schädel zu auffällig, und der strenge Undercut wurde populär bei den vormaligen Nazi-Skins und bei anderen militanten Faschisten, die jetzt nahbar erscheinen wollten. Er sah vielleicht cool aus, aber auch ziemlich sinister (Achtung, lateinisches Wortspiel!), dabei aber immer noch normal genug, dass Zweifel möglich blieben. Ein Skinhead trägt seine Identität auf dem Schädel, dazu hoffentlich klärende Einzelheiten (Schnürsenkel, Aufnäher, Tätowierungen, am besten alles zusammen), um schon aus der Ferne kenntlich zu sein: Er präsentiert sich selbst in einer Kombination von Kleidungsstücken, die keine Vieldeutigkeit zulassen soll. Dass der Mainstream sich diese Elemente angeeignet und sie umfunktioniert hat, ließ dann aber wieder Zweifel zu: Vielleicht zog jemand sich zwar an wie ein Skinhead, war aber gar keiner.

Wenn man sich in Skinhead-Kluft warf, aber die Haare auch nur minimal länger trug, einen Buzzcut, einen Undercut, sorgte man tatsächlich schon für eine Verwirrung, die nicht nur einem neuen Schlag von faschistischen Deppen und Funktionären gut gefiel, sondern auch den üblichen Verdächtigen der Modewelt, die gern ein bisschen edgy rüberkommen wollten. Wenig überraschend, dass viele prominente Figuren der neuheidnischen Neofolk-Szene Verbindungen zur Neuen Rechten pflegten, etwa zum berüchtigten Thinktank GRECE (Groupement de recherche et d'études pour la civilisation européenne) von Alain de Benoist, der später für die Alt-Right-Bewegung in den Vereinigten Staaten zum Vorbild werden sollte. In solchen Zusammenhängen hatte das Comeback des Undercuts unvermeidlich auch noch eine andere Ebene. Die Hitler-Frisur-Trägerin in »Karma Police« könnte tatsächlich eine Faschistin sein, aber eben auch nicht; vielleicht trug sie den Schnitt ja ironisch, vielleicht war ihr asymmetrisches Haar Gegenstand unverdienter Feindseligkeit, aber wenn man es einmal gesehen hatte, blieb es einem haften. Vieldeutigkeit weist ja immer in mehrere Richtungen, und bereits 1997 blieb viel Raum für Spekulationen. Ihr wisst schon, Ironie.

In dieser Art Ironie steckte damals eine Menge Geld. Auftritt Gavin McInnes, in mancher Hinsicht der Inbegriff des Hipsters im 21. Jahrhundert: In England geboren, in Kanada aufgewachsen, gründete dieser Schnauzbart auf Beinen gemeinsam mit Suroosh Alvi und Shane Smith 1994 in Montreal das *Vice Magazine* – zweifellos eines der Presseorgane, die besonders viel dazu beitrugen, dass das neue Hipstertum Teil des Mainstreams wurde. Die Geschichte besagt, dass *Vice* als Punk-Fanzine begann, sich zu einem Multimedia-Imperium entwickelte und dabei der jüngsten Hipster-Szene, der das Magazin entsprungen war, zu ihrem weltweiten Erfolg verhalf. *Vice* war dafür bekannt, dass es sich allen Themen, ob ernst oder abgefahren, im typischen witzelnden Ton widmete, mit einer drastischen Ästhetik und einer guten Portion Misogynie, Homophobie und Rassismus – es strebte nach einer Ironie, die ein, zwei Jahrhunderte antibürgerlicher Schockästhetik der Avantgarden und Provokateure voraussetzte und vergnügt die Geschehnisse auf der Welt festhalten wollte, ohne sich mit zu vielen Bedenken zu belasten – »ein Jungs-Heft für die Cliquen aus Williamsburg«.[20] Mit der Zeit und dem wachsenden Erfolg wurde *Vice* seriöser und fand viel Zuspruch für seine neuartige Berichterstattung zu schwierigen Themen und schwer

---

20 Vanessa Grigoriadis, »The Edge of Hip: Vice, the Brand«, in: *New York Times*, 28. September 2003, https://www.nytimes.com/2003/09/28/style/the-edge-of-hip-vice-the-brand.html

zugänglichen Subkulturen in verschiedenen Teilen der Welt. Auch nach der Neuerfindung als Informations-Riese hielten sich allerdings einige der verabscheuenswürdigen Elemente, die den Gründergeist von *Vice* ausgemacht hatten, wie aus jüngeren Berichten über zügellose sexuelle Belästigung in dem Unternehmen hervorgeht.[21] Die ungeminderte Popularität von *Vice* beruht aber wohl auf den angenehmeren Zügen des Spirits, der dazu beigetragen hat, die Hipster-Bewegung Form annehmen zu lassen, indem er das radikale Ethos früherer Subkulturen heraufbeschworen hat.

In mancher Hinsicht hat *Vice* tatsächlich in seiner Zeit ein Rezept angewendet, das mindestens so alt ist wie der Punkrock, den die Gründer des Magazins feiern. 2002 erläuterte McInnes in einem Interview: »Erstens haben wir alle einen Background im Punkrock, mit dem wir aufgewachsen sind … Viele unserer Texte fangen wie ein Punkrock-Song an. Sie fangen heftig an, wir machen uns immer Gedanken über das Intro. Es wird dann eigentlich nie langsamer.« Unabhängig von diesem musikologischen Sinnieren ist das Interview interessant, um den Werdegang von McInnes nachzuvollziehen, da er zu diesem Zeitpunkt noch relativ am Anfang seiner Entwicklung stand. Bevor er die faschistische Gang The Proud Boys gründete, war McInnes eine laute Nervensäge, die genau in dem Sumpf planschte, den Bangs zwanzig Jahre vorher beschrieben hatte und in dem rassistische Sprüche irgendwie als edgy und cool galten. In dem Interview lässt unser Edgelord dann die Sau raus: »Das Punkrockige daran ist einfach Aufrichtigkeit. Wir kommen

---

21 Emily Steel, »At Vice, Cutting-Edge Media and Allegations of Old-School Sexual Harassment«, in: *New York Times*, 23. Dezember 2017, https://www.nytimes.com/2017/12/23/business/media/vice-sexual-ha rassment.html

rassistisch und homophob rüber, klar, aber das liegt einfach daran, dass wir die ganze Zeit mit Schwuchteln und Niggern abhängen. So was geht einfach in unsere Alltagssprache über.«[22] Alles klar, Dude.

Das war also schon ziemlich übel, und auch seine Bewunderung für Pat Buchanan konnte einem auf den Magen schlagen, doch es war ein anderes Zitat, mit dem sich McInnes in die Scheiße ritt. Als das Interview entstand, war *Vice* – »die Hipster-Bibel«, wie der *Rolling Stone* schrieb – gerade nach Williamsburg gezogen – ins Mekka der Hipster, daher fragte der Interviewer: »Macht es euch nicht aggressiv, jeden Tag in dieser Nachbarschaft zu sein?« McInnes antwortete: »Na ja, zumindest sind's keine Scheißnigger oder Puerto-Ricaner. Wenigstens sind sie weiß.« McInnes gab später zu Protokoll, dass es sich dabei um einen Scherz gehandelt habe, der offensichtlich falsch rübergekommen sei. Und um zu beweisen, dass es sich um ein Missverständnis handelte, verwies er auf einen Bildwitz, der nur in der Druckfassung des Interviews zu sehen war: Auf einem Foto der drei Freunde stehen Smith und McInnes stolz neben dem sitzenden, scheinbar derangierten Alvi, der sich ein Taschentuch an den Kopf hält. Smith ist wie ein schottischer Casual gekleidet, Sportschuhe und ein Partick-Thistle-Trikot, McInnes, glatzköpfig, die Arme trotzig verschränkt, trägt eine Skinhead-Montur, die an *Clockwork Orange* erinnert, weiße Hose, weißes Fred-Perry-Polohemd, schmale Hosenträger. Worauf will ich hinaus? Schon ein Jahr später erklärte McInnes bekanntlich, wie stolz er sei, weiß zu sein, und ergänzte: »Ich möchte nicht, dass unsere Kultur verwässert wird. Wir müssen unsere Grenzen jetzt dichtmachen,

---

22 Adam Heimlich, »Vice Rising: Why Corporate Media Is Sniffing the Butt of the Magazine World«, in: *New York Press*, 1. Oktober 2002.

alle, die da sind, sollen sich an eine westliche Lebensweise anpassen und Englisch sprechen.«[23] Na fein.

Bei aller Entrüstung, für die McInnes' Äußerungen 2002 sorgen mussten, konnten sie doch als Diagnose einer merkwürdigen Entwicklung gelten. Brooklyn im Allgemeinen und Williamsburg im Besonderen waren eine Gegend mit vielen Fabriken, ein Arbeiterviertel, in dem sich verschiedene Zuwanderungswellen überlappten, erst aus Europa, später aus der Karibik und Südamerika. Ab Ende der 1970er Jahre siedelten sich in dieser Nachbarschaft, in der vor allem chassidische Juden, Lateinamerikaner und Osteuropäer lebten, zunächst vereinzelt Künstler*innen an, gelockt durch die Möglichkeit, günstig große Gewerberäume anzumieten. In den 1990ern ließ sich dann der übliche Gang der Gentrifizierung beobachten, Rock-Lokale wurden eröffnet (L Café, Stinger Club, Galapagos), und immer mehr Künstler und Musiker kamen ins Viertel. Um die Wende zum 21. Jahrhundert hatten sich Brooklyn im Allgemeinen und Williamsburg im Besonderen zum Zentrum einer Indierock-Szene entwickelt – mit Größen wie TV on the Radio, den Yeah Yeah Yeahs, Grizzly Bear, The National, Les Savy Fav oder LCD Soundsystem, um nur einige zu nennen. Musikalisch war die Szene vielfältig, was sie verband, waren der Ort, die Haltung und eine Öffentlichkeit in Medien wie *Vice*. Nach den Machern kamen – wie immer – die Zuschauer*innen, und um 2002 führte für niemanden, der auch nur irgendwas zu wissen behauptete, ein Weg an Williamsburg vorbei. Der Zustrom von Hipstern sorgte – wie immer – für einen Boom auf dem Immobilienmarkt, und die Mieten waren für die einstigen Anwohner Williamsburgs nicht mehr erschwinglich. Das weiße Hipster-Bürgertum verdrängte die

23 Grigoriadis, »The Edge of Hip«.

Arbeiterklasse, wie der boshafte Fascho McInnes freudig feststellte.

Kolonisation bedeutet zweifellos Auslöschung, Vertreibung, Übergriffe, doch sie kann auch noch auf andere Weise ablaufen. Systematisch und aggressiv demonstrativ feierten die Hipster jene Kulturen, denen sie den Garaus machten. Sie betrieben den kulturellen Vampirismus ihrer Wahl mit so viel Selbstgewissheit, dass sie eine Art Identität daraus machten. Derweil ging McInnes, inzwischen zu einem kapitalen rassistischen Troll herangewachsen, daran, den Einfluss, ja das Vorhandensein von Schwarzen vor allem im Punk herunterzuspielen, womit er einmal mehr bewies, dass die Hölle nicht solchen Zorn kennt wie ein weißer Mann, der absolut keine Ahnung hat und eine furchtbar ignorante Scheiße labert. Der Genauigkeit halber sei angemerkt, dass selbst in diesem Stadium letalen Weißseins nicht alle Hipster weiß waren. Das Hipstertum hatte, wo es sich auch entwickelte, nie Skrupel, sich zu nehmen, was immer es wollte, von wem es wollte: Da es auf der Logik des Konsums beruht, wird ihm alles zum Angebot. Ein drastisches Beispiel für das Planieren sozialer und ethnischer Diskussionen durch kulturellen Konsum liefert der Afropunk. Während McInnes in Williamsburg seinen rechtsradikalen Freuden nachging, trieb sich der DJ und Party-Promoter James Spooner auf demselben Pflaster herum und sprach Schwarze an, die er bei Punkkonzerten auf der Bühne oder im Publikum entdeckte, um sie zu ihrer eigenartigen Doppelexistenz als Schwarze und Punks in Amerika zu befragen. Spooner – an der Ost- und Westküste mit Hardcore und DIY-Kultur aufgewachsen – kam zu einer nur zu vertrauten Erkenntnis: Obwohl Punk – wie alle Arten von Rock – ohne Schwarze Menschen gar nicht existieren würde, war den Vertretern dieses Genres wenig daran gelegen, Schwarze Punks als solche zur

Kenntnis zu nehmen, geschweige denn sie zu feiern. Wenn man sich unter Punks bewegte, war es ein besonderes Tabu, über Ethnizität zu sprechen – das exotische, geisterhafte Hip-Hop-Phänomen »Kool Thing« war Gegenstand von Spott oder konnte allenfalls aus gehörigem Sicherheitsabstand geschätzt werden. »Wir wissen doch, dass du Schwarz bist, du musst es uns nicht erzählen«, so beschreibt Jimi Hazel von den 24-7 Spyz die unausgesprochene Stimmung in der Szene. So zu sehen in *Afro-Punk*, dem Dokumentarfilm, für den Spooner zwischen 2001 und 2003 Schwarze Musiker*innen und Szenegänger*innen zu ihren Erfahrungen befragte.[24]

Spooner tourte mit seinem Film durch die Staaten, um ihn überall zu zeigen, wo sich Leute dafür interessierten, üblicherweise im Vorprogramm von Konzerten. In all seiner Unvollkommenheit gelang es dem Film, eine Anhängerschaft zu mobilisieren. Zwei Jahre später organisierte Spooner, unterstützt durch den Musikmanager Matthew Morgan, das erste Afropunk-Festival: vier Tage Film und Musik an der Brooklyn Academy of Music, im CBGB's und dem Delancey und mit vormals wenig bekannten Acts wie Stiffed, einer Punkband aus Philadelphia, deren Frontfrau Santi White war (heute als Santigold bekannt), aber auch einer gewissen Janelle Monáe. Das Festival wurde schnell enorm groß und eroberte den Commodore Barry Park in Fort Greene, um dort jedes Jahr kostenlos Schwarzen Punk und mehr darzubieten. Einen Augenblick lang schien sich das Blatt zu wenden: Punk feierte Blackness.

Aber Afropunk musste den Weg aller guten Dinge gehen: Das Festival wurde von Außenseitern für Außenseiter gestartet, doch sein Charakter wandelte sich schnell und dras-

---

24 *Afro-Punk*, USA 2003, Regie: James Spooner.

tisch. Als Spooner 2008 ausstieg, lief Morgan erst zu Höchstform auf. Inzwischen kamen Zehntausende, und das Festival wurde immer größer, mit mehr und sehr unterschiedlichen Musiker*innen, einer immer längeren Liste von Sponsoren, mit VIP-Pässen und allem, was man so braucht, wenn man gern Coachella wäre. 2015 – als erstmals Eintritt verlangt wurde – war Afropunk zweifellos eines der coolsten Festivals, nur nicht mehr sehr punkig: erst DIY, dann glatt; erst Selfmade-Style, dann Mode; erst Freaks, dann Schickeria. Kurz gesagt: Afropunk lieferte uns die größtmögliche Annäherung an so etwas wie Schwarze Hipster, wobei Schwarzes Aufbegehren in Flaschen gefüllt und als scharfes Produkt verkauft wurde – in vielen verschiedenen Graden von Intensität, die Auswahl vor Ort war großartig. Es gab immer mehr Verkaufsstände, die Foodtrucks wurden ausgefallener, Ableger des Festivals fanden in Atlanta, London, Paris und Johannesburg statt, Modemagazine und modische Menschen kamen, um zu sehen und gesehen zu werden.

Wir wissen, dass du Schwarz bist, du musst es uns nicht erzählen, aber wir würden es gern kaufen. Schließlich wurde Afropunk endgültig zum instagramtauglichen, hochglänzenden Prestige-Komplettangebot mit Skatepunk auf der Bühne, und das zu Ticketpreisen, die Gossenpunks effektiv fernhielten, aber den Rich Kids ein schönes Cosplay-Wochenende ermöglichten. Es kam, wie es kommen musste. Wie eine biblische Plage – wie die Heuschrecken – kamen die Weißen über das Festival: zunächst eher zögerlich, dann entschlossener, sicherer, wussten sie doch, dass die zunehmende Kommerzialisierung des Festivals bedeutete, dass sie ein Zugehörigkeitsgefühl problemlos erwerben konnten. Sagen wir es so: Bei den jüngeren Ausgaben des Festivals war es alles andere als unüblich, auf Biff-Tannen-Typen zu stoßen, die in Birkenstocks und bunten Dashiki-Hemden umherstolzierten. Einmal abgesehen vom ewigen philosophischen Dilemma, ein Gleichgewicht zu finden zwischen dem, wofür Punk steht, und den finanziellen Mitteln, ohne die sich ein Event dieser Größenordnung nicht stemmen lässt, liefert Afropunk vielleicht ein einzigartiges Beispiel für eine Gentrifizierung, die den Kreislauf fast komplett durchlaufen hat: ein Event, von Afroamerikanern begründet, um die Bedeutung Schwarzer Kultur vor der Auslöschung in weißer Kultur zu bewahren, das sich Schritt für Schritt zu einem Produkt entwickelte, das (weiße) Hipster konsumieren.

Letzten Endes mag es stimmen, dass »Hipstersein und Schwarzsein nicht vereinbar sind«, aber Hipness beruht weiterhin auf der Ausbeutung von Blackness – einschließlich Schwarzer Kritik am Weißsein –, die eine unerschöpfliche Mine zu sein scheint.[25] Das finale Stadium des kulturellen Rassismus besteht darin, das anzuerkennen und zur Schau zu stellen, wie sich der Kolonialismus früher zur Schau gestellt hat. Das Menetekel war die ganze Zeit zu lesen – ein ironisch gemeintes rassistisches Graffito, in Kreide auf den roten Originalziegeln der einstigen Bäckerei, die inzwischen ein Second-Hand-Laden ist.

Jetzt schauen wir darauf zurück, ein paar Jahr später, nach dem Internet, nach 4chan, nach reddit, nach Trollerei, Shitposting und Gamergate, nach Memes, nachdem McInnes *Vice* wegen »kreativer Differenzen« (*hust* FASCHISMUS *hust*) verlassen hat, um seine wahre Berufung als faschistischer Schwachkopf zu finden, wobei der Höhepunkt der Wahlkampf 2016 war, während dessen er die Proud Boys

---

25 Carvell Wallace, »Being a Hipster Is Not Compatible with Being Black«, in: *Vice*, 16. Dezember 2015, https://www.vice.com/en/article/kwxy7x/hw-the-black-hipster-that-never-was-456

gegründet hat, eine Bruderschaft des 21. Jahrhunderts, die sich erklärtermaßen dem Biertrinken und der Liebe zum Westen verschrieben hat, Frauen sind nicht zugelassen. Doch ein schwachsinniger Name (ironisch, wie man's erwarten darf, aus einem *Aladdin*-Song entlehnt) und der feierliche Vorsatz, seinen Samen nicht aufs Geratewohl in der Welt zu verspritzen (um die zweite Stufe der Initiation zu erreichen, müssen die Mitglieder Pornos und Masturbation abschwören), sind nicht die einzigen Werte, die sie gemeinsam haben mit jenem anderen internationalen Orden konservativer Jungs, Baden-Powells Pfadfindern: Auch die Proud Boys lieben Uniformen, und ihre eigene – ein schwarzes Fred-Perry-Polo mit gelben Doppelstreifen – verrät, wenig überraschend, ihre Herkunft aus der Skinhead-Mode.

Ihren Weg ins landesweite Rampenlicht erstritten sich die Proud Boys, indem sie an der Seite einer Vielzahl durch die Wahl Trumps im Jahr 2016 befeuerter faschistischer Gruppen gegen Antifa-Gruppen zwischen Kalifornien und der New York Island kämpften. In der Folge der Unruhen von Charlottesville 2017, bei denen die Proud Boys reichlich vertreten waren, bemühte sich McInnes nach Kräften, seine Organisation von der Alt-Right abzugrenzen: Klar waren sie konservative westliche Chauvinisten, aber doch keine Rassisten oder Antisemiten (Letztere sind aus seiner Organisation ausgeschlossen). Tatsächlich sind nicht alle Proud Boys weiß, wie auch nicht alle Skinheads weiß waren und sind, deren Gewaltverherrlichung samt Working-Class-Mythologie die Proud Boys perfekt nachahmen. Wenn die Organisation heute ihren Abstand zu stolzen rassistischen Alt-Right-Boys wie Richard Spencer (um nur den zu nennen) betont, dann geht es um Nuancen, nicht um eine grundlegend andere Haltung. Daran solltet ihr euch inzwischen echt gewöhnt haben. Versteht ihr gar keinen Spaß?

Mit den Boys und anderen Nazi-Freunden eng verwandt ist eine buntscheckige arische Schwesternschaft: Sie lieben Fackelzüge, Paintball und Pfefferspray, sie kleiden sich schwarz, sie tragen Tarnkleidung, fifty shades of white. Style ist den Neonazi-Frauen nicht so wichtig wie das nachdrückliche Bekenntnis zum Patriarchat. Wenn wir davon ausgehen wollen, dass die reichweitenstärksten Repräsentantinnen dieser Bewegungen ihren Schwestern in Sachen Mode und Auftreten den Weg weisen, dann ist das auf den YouTube-Kanälen und Instagram-Accounts der Lauren Southerns, Faith Goldys, Tomi Lahrens und Candace Owens (ja, es gibt überall solche und solche) eine merkwürdige Mischung: in der Rhetorik Klugscheißerei und Maulheldentum, im Stil zugleich zurückgenommen und verführerisch. Ist ja auch nicht einfach, eine Frau zu sein, wenn man von Typen umgeben ist, die Misogynie und häusliche Gewalt für ein zivilisationsbedingtes Vorrecht halten (wer hätte das je gedacht, dass Spencer seiner inzwischen geschiedenen Frau Nina Kouprianova jahrelang verbal und physisch Gewalt zugefügt hat?!), aber sie geben sich Mühe, bei Gott, das tun sie.

Dass eine Gestalt wie Spencer landesweit Geltung finden konnte, verdankt sich durchaus auch dem Wirken von McInnes. Und damit meine ich nicht nur seine Frisur, auch wenn die eine wichtige Rolle spielt. Spencer redet gern über seinen Undercut, den er hingebungsvoll »Fashy« nennt. Spencer behauptet auch, er habe mit White Supremacy nichts im Sinne, er sei – wie europäische Neurechte es nennen – ein »Identitärer«. Auf die Nachfrage, wieso er und seine Anhänger bei der Jahreskonferenz des rechtsextremen Thinktanks National Policy Institute Trumps Wahlerfolg mit Heil-Rufen und Hitler-Grüßen gefeiert haben, erklärte Spencer, dies sei in »ironisch gestimmter Ausgelassenheit« geschehen. Spencer ist ein Scherzkeks, genau wie McInnes, auch wenn er vorgibt, rational zu argumentieren, weshalb ihn große Fernsehsender gern einladen, damit er – ganz rational natürlich – seine vernünftigen Überlegungen zu dringend gebotenen ethnischen Säuberungen darlegen kann.

Einige Zeit lang war Spencer der Liebling jener Mainstream-Medien, die er nach eigener Aussage so inbrünstig hasst, egal, ob er über seinen Traum von einem weißen Ethnostaat dozierte, zärtlich an Hitler erinnerte oder antisemitische Verschwörungstheorien vom Stapel ließ. Spencers gesamte Strategie, die er selbst wiederholt und ohne jegliche Skrupel erläutert hat, zielt darauf ab, aus dem Faschismus eine modische Angelegenheit zu machen – und in diesem Spiel sind ihm alle Formen von Mode recht, vor allem aber solche, die bei den unter Dreißigjährigen ankommen, Faschisten haben sich immer an die Jugend rangemacht, aus altbekannten Gründen und auf die altbekannte Art, wenn auch leicht an die Gepflogenheiten, Geschmäcker und neuen Moden des 21. Jahrhunderts angepasst, wobei sie sich vor allem an Internet-Subkulturen hängen. Spencers Markenzeichen, das ewige Grinsen, erinnert stets daran, dass sein »cooler« Faschismus nicht ohne das rhetorische Accessoire der Ironie-Behauptung auskommt, das McInnes und die Seinen perfektioniert haben.

Spencer hat sich seinen Namen mit ausgesprochen subtilen Aktionen gemacht, etwa als er nach der Wahl 2016 öffentlich »Heil Trump!« brüllte, doch er war schon zuvor eine Weile zugange, wobei er sich an ein Drehbuch hielt, das gefüllt war mit den Erkenntnissen aus vielen Jahrzehnten Hipstertum: Sein »Fashy«-Haarschnitt ist ein vielschichtiges Signal, er verweist auf eine gegenwärtige Mode, aber stets auch auf deren Vorgeschichte, schließlich geht es darum, den Faschismus wieder salonfähig zu machen. Was Spencer mit McInnes und Tausenden weiterer Hipster darüber hinaus verbindet, ist eine Art sozioethnisches Cosplay, das Formen von Blackfacing, aus denen sich Amerikas Modetrends seit Jahrhunderten speisen, nicht gänzlich vermeiden kann, aber versucht, das auszugleichen, indem es harte Kerle aus hundert Jahren weißer Working-Class-Geschichte nachspielt. Man kann es jeden Sonntag auf ländlichen Straßen beobachten, wenn sechzigjährige Buchhalter zu knallharten Wochenend-Hells-Angels werden. In Williamsburg lässt sich durchaus Ähnliches erleben, wenn die Bürgerkinder Roughnecks spielen, mit Trucker-Kappen, voll tätowierten Armen und Undercuts, als wären sie Peaky Blinders, und gewaltigen Bärten, als schrieben wir das Jahr 1864. Wenn man keinen Schwarzen sehen kann, ohne ihm die Mitgliedschaft in einer Straßengang anzudichten, ist es gar nicht so abwegig, zum Ausgleich weiße Gangs zu glorifizieren. Spencer macht es auf die *GQ*-Tour, aber das Ergebnis ist dasselbe: In seinem Auftreten und seinem Style bemüht er sich, die beste Version von Weißsein darzubieten, die er sich vorstellen kann, was auf etwas wie einen Nazi hinausläuft, der Haltung wahrt wie ein von Kipling erfundener Kolonialoffizier, nur in maßgeschneiderter Savile-Row-Dandykluft. Wenn wir an den Begriff »Blackfishing« denken, einen Neologismus, der für Kim Kardashian und andere Influencerinnen geprägt wurde, die sich Schwarz geben (»Blackfacing« scheint einfach nicht mehr treffend für diese Variation ethnischer Nachahmung, die so überaus bezeichnend für das 21. Jahrhundert ist), sollte es uns dann noch überraschen, dass die Stadt in Montana, die Richard Spencer 2010 kolonisieren und ethnisch reinigen wollte, Whitefish heißt? Denkt mal drüber nach.

Und ja, klar. Man kann sich Spencers langsamen Abstieg vom neuen heißen Scheiß zum ziemlich runtergerockten Meme und medialen Außenseiter, der einem Prozess wegen häuslicher Gewalt entgegensieht, ansehen, man kann zuschauen, wie McInnes bei einer Zusammenkunft seines Clubs hockt und seinen Schnurrbart zwirbelt, und einigermaßen befriedigt feststellen, dass diese beiden ihre fünfzehn Minuten Ruhm hatten und ihr Stern nun ziemlich verblasst. Selbst in der Wahlkampfperiode 2020 hielt sich Amerikas dynamisches Nazi-Duo auffällig zurück. Doch als Trump im ersten TV-Duell die Gurkentruppen des Trumpismus aufrief, sich »zurück- und bereitzuhalten«, rückten die Proud Boys wieder ins Zentrum der Aufmerksamkeit, und ihre zunehmend sprunghaften Protestaktionen vor, während und nach dem Wahlkampf machten allgemein klar, dass sie nie wirklich weg gewesen waren. Ganz unabhängig von ihrem persönlichen Schicksal lässt sich an Spencer und McInnes beobachten, wie die neuen Faschisten drei Jahrzehnte lang darauf hingewirkt haben, dass wir jetzt stehen, wo wir stehen: Die mächtigsten Länder der Welt und viele weitere werden von Autokraten regiert, hinter denen Idiotentruppen stehen, die bewiesen haben, dass sie mit zwei der gefährlichsten kulturellen Waffen umgehen können: Mode und Ironie. Ihre Nachfolger im Geiste sind Legion, und sie haben sich alternative faschistische Rollen zugelegt, die auf Elemente abheben, von denen man denken könnte, dass sie ihren politischen Überzeugungen entgegenstehen – kurz gesagt: ein hippes faschistisches Alter Ego. Figuren wie Jack Donovan, der neuheidnische »Androphile« – ein Neologismus, mit dem er seine spezielle Form unverfroren faschistischen Schwulseins von allem abgrenzen will, was ihm als zu linke Form schwuler Selbstbehauptung suspekt ist – oder James J. O'Meara, der sich zu allem Übel auch noch als »grüner Nazi« geriert, lauern bereits hinter der Bühne, um beim Open Mic zu punkten. Und sie werden in ihr Kazoo blasen und euch schwören, dass ihr so etwas noch nie zuvor gehört habt.

Und ihr dachtet schon, diese beknackte Frisur war scheiße.

Kapitel 4
HIPS DON'T LIE

Free Your Mind and Your Ass Will Follow.
                                                    – Parliament Funkadelic

Am 29. Mai 2020 saß ich, wegen Covid-19 zur Isolation verdammt, zu Hause im Wohnzimmer, während überall im Land Tausende auf die Straßen gingen, um gegen Polizeigewalt zu protestieren. Einige Tage zuvor hatte der weiße Polizist Derek Chauvin vom Minneapolis Police Department entschieden, George Floyd festzunehmen – einen Afroamerikaner, der sein Kollege gewesen war, als er als Rausschmeißer für Lokale in der Gegend arbeitete –, da dieser in einem Nachbarschaftsladen angeblich mit Falschgeld bezahlt hatte. Filmaufnahmen zeigen, wie Chauvin, unterstützt durch drei Kollegen, sein Knie auf Floyd presst, der bäuchlings auf dem Boden liegt, fixiert von zwei weiteren Polizisten. Auf Floyds Protest, er bekomme keine Luft, reagierte Chauvin nicht, sondern kniete acht Minuten und 46 Sekunden lang auf dessen Hals. Der Polizist tötete George Floyd, dann machte er einfach weiter wie gehabt.

Doch die Vereinigten Staaten machten nicht weiter wie gehabt: Wenige Tage später brachen massive Proteste im Land aus. In der Nacht zum 30. Mai liefen etliche davon aus dem Ruder, da die Bereitschaftspolizei die Spannungen nur noch verschärfte und einen friedlichen Verlauf nicht gewährleisten konnte oder wollte. In Portland, Oregon, begann der Marsch friedlich im Norden, im Peninsula Park, die Protestierenden liefen südwärts den Martin Luther King Jr Boulevard entlang nach Downtown. Dort angekommen, richteten einige aus der Menge ihre Wut gegen das Multnomah County

Justice Center, die Bereitschaftspolizei setzte Blendgranaten und Tränengas ein und erklärte die Versammlung für widerrechtlich. Kleine Grüppchen zogen durch die Innenstadt, plünderten Geschäfte im Einkaufszentrum Pioneer Place, errichteten niedrige Barrikaden und zündeten diese an, schlugen Scheiben ein und besprühten Wände. Bürgermeister Ted Wheeler erklärte am nächsten Morgen fassungslos: »Portland, das sieht uns gar nicht ähnlich.«

Aber doch, das tat es, es war nicht zu leugnen, denn eigentlich sahen die friedlich Marschierenden mit den »Black Lives Matter«-Schildern, aber auch die Pulks maskierter, unter Kapuzen verborgener Protestierender in der Nacht sehr nach Portland aus: überwiegend jung, weiß, schlank, größtenteils schwarz gekleidet. Das waren zweifellos Verbündete, in einer Stadt, die berühmt ist für ihren linksradikalen Aktivismus und andere Akte guten Willens. Als faschistische Gruppen im Jahr 2019 an verschiedenen Stellen des Landes eine Reihe von Demonstrationen organisierten, steuerten sie aus genau diesem Grund direkt Portland an – und wegen der dort besonders liberalen Regelungen zur Meinungsfreiheit. Man spekulierte auf Zusammenstöße. Diese blieben nicht aus, ebenso wenig die vorhersehbare Forderung Trumps, antifaschistische Organisationen zu verbieten. Am 29. Mai bewegte sich der BLM-Marsch südwärts aus dem Alberta Arts District, einem Zentrum hipper und künstlerischer Aktivitäten, das in den 1990ern durch Stadtentwicklungsmaßnahmen aufgehübscht wurde, und passierte dabei eine Reihe von Gegenden, in denen einst Afroamerikaner gelebt hatten. Sollte irgendjemand eine gewisse kognitive Dissonanz gespürt haben, dann ging sie völlig unter in den »Black Lives Matter«-Sprechchören.

Einen Monat später sah das ganz anders aus, bei einem anderen BLM-Marsch, der das ganze Land erfassen sollte:

Schwarze Demonstrierende spazierten eine Straße in Brooklyn entlang und riefen den zahlreichen, größtenteils weißen Anwohnern in den Hauseingängen oder beim netten Covid-Brunch auf ihren Terrassen entgegen: »Hier haben früher Schwarze gelebt! Fire, fire, gentrifier!« Ein etwa dreißig Sekunden langes Video hat diesen Moment für die Ewigkeit festgehalten und wird der Nachwelt einen Fries weißer Gesichter überliefern, deren Unbehagen nicht zu übersehen ist. Am letzten Tisch sieht man eine Gruppe junger weißer Frauen, die den Demonstrierenden zaghaft applaudieren. Das Video ist ziemlich hektisch. Einige der Marschierenden wenden sich anscheinend dieser Gruppe zu und zeigen auf sie, als wollten sie den brunchenden Frauen klarmachen, dass auch sie mit diesem Sprechchor gemeint sind.

Es gab Gründe genug, beim Ansehen dieses Videos ein gewisses Unbehagen zu empfinden: Man sah, wie die armen Herrschaften einen Einblick in die Konsequenzen ihrer Handlungen bekamen. Voll peinlich, voll unfair: Vielleicht hatten sie ja gar nichts mit der Gentrifizierung zu schaffen, hm? Vielleicht waren sie gar nicht aus Williamsburg, sondern waren nur mal vorbeigekommen, bar jeder Schuld an der Gentrifizierung, aber tief bewegt in ihrem Innersten, tief bewegt in ihren Körpern von diesen Sprechgesängen mit ihrem ansteckenden Rhythmus? Ist das etwa nichts wert? Können wir nicht vom Kolonialismus profitiert haben und ihn trotzdem beenden wollen? Sollen wir für die Sünden unserer Väter bezahlen? Wer unter euch noch niemals gebruncht hat, der werfe die erste Frittata.

Wie wir gesehen haben, ist Hipstertum im 21. Jahrhundert eine ziemlich komfortable Angelegenheit: Jede politische Meinung, jede künstlerische Ausdrucksform findet sich auf dem Menü, aus dem der Konsument-Kurator sich seine Identität zusammenstellt. Man kann sich über politische

Positionen lustig, man kann sie sich aber auch zu eigen machen – oder beides gleichzeitig oder keins von beidem, je nach Stimmung und Notwendigkeit. In der hippen Gentrifizierung wird in besonderem Maße materiell manifest, dass Hipstertum Kolonialismus ist: Sie zeigt, dass die jüngste Generation cooler weißer Jungs und Mädels sich nicht nur auf den Schultern von People of Color und der Working Class niederlässt, um sich dort einzurichten, sondern dass sie keinerlei Bedenken hat, diesen Vorgang auch noch als eine Art Hommage zu verkaufen. Dieselben Argumente, mit denen europäische Kolonisatoren einst ankamen, werden heute recycelt, wenn's um Stadtentwicklung geht: Gentrifizierung schafft Infrastrukturen und verbessert die Lebensqualität. Auf jeden Fall aber den Lifestyle. Der wird nicht nur besser, sondern auch gesünder, wer könnte etwas dagegen haben? Und wie sich die Hipster in den Vierteln breitmachten, so machten sie sich auch im Erwachsensein breit, indem sie dieselben Techniken, die sie ohnehin schon überall anwendeten, auch anwendeten, wenn es um die spezifischen Fragen der Elternschaft und der Festanstellung ging. Hipster-Eltern formen die Viertel nach ihren Vorlieben und Bedürfnissen: Hipster brauchen natürlich hippe Geschäfte, sie brauchen Bio-Läden und Orte, an denen sie ihren Avocado-Toast bekommen und alles, was glutenfrei ist. Das Viertel wird von innen nach außen umgekrempelt: draußen das gute alte Ladengeschäft, drinnen Amazon.

Die Hipster waren der Stoßtrupp des urbanen und kulturellen Kolonialismus. Ngũgĩ wa Thiong'o, der Mann, der den Ausdruck »Dekolonisierung des Denkens« geprägt hat, schreibt: »Das eigentliche Ziel des Kolonialismus bestand darin, den Wohlstand der Menschen zu kontrollieren: Was sie herstellten, wie sie es herstellten und wie es verteilt wurde; mit anderen Worten, den gesamten Bereich der Sprache des wirklichen Lebens zu kontrollieren.«[26] Was die Ziele des Hipstertums sind, mag schwer einzuschätzen sein, aber wenn man auf die Wirkung blickt, scheint seine Praxis dem sehr nahe zu kommen. In Brooklyn und Albina, London und Austin folgten dem Aufstieg des Hipsters Wellen der Gentrifizierung, die – nach dem immer gleichen Muster – über die steigenden Preise schließlich People of Color aus ihren angestammten Vierteln verdrängten. Nach Jahrzehnten der Segregation und des Redlinings, Praktiken, die People of Color mit Zwangsmaßnahmen aus den Zentren der Städte fernhalten sollten, zogen in den 1960ern massenweise Angehörige einer weißen Mittelklasse aus den Innenstädten in die Außenbezirke, die Suburbs. Die sogenannte »weiße Flucht« führte dazu, dass innerstädtische Nachbarschaften ethnisch diverser wurden, sie führte aber auch zu einer Verschlechterung der Wohnqualität: Vermieter, die früher nur zu gern Schwarze und People of Color von ihrem Besitz ferngehalten hatten, ließen sie nun dort wohnen, aber unter erbärmlichen Bedingungen. Niedrige Mieten ziehen ganz unterschiedliche Menschen an, darunter mittellose Künstler*innen.

In der weiteren Genealogie der Hipness spielen Künstler eine entscheidende Rolle. Die visuellen Avantgarden des frühen 20. Jahrhunderts waren maßgeblich daran beteiligt, dass Schwarze Künste und Künstler*innen Anerkennung fanden, aber sie entdeckten auch, dass diese eine wertvolle Ressource waren, die es zu erschließen galt. Die ersten Europäer, die den Wert afrikanischer Kunst erkannten, waren allerdings nicht die Künstler, sondern Selfmade-Ethnografen, die im

---

26 Ngũgĩ wa Thiong'o, *Dekolonisierung des Denkens. Essays über afrikanische Sprachen in der Literatur*, 2. Aufl., Münster: Unrast 2018, S. 50.

Gefolge der Kolonialarmeen reisten, um bei Plünderungen auf deren blutigem Vormarsch über den Kontinent Sammlungen zusammenzutragen. Während einige von ihnen damit beschäftigt waren, ihre kichernden Zeitgenossen vom historischen und ästhetischen Wert ihrer Beute zu überzeugen, bekannten sich die Picassos und Matisses, die Max Ernsts und Brancusis – und andere künstlerische Erneuerer – als Bewunderer der afrikanischen Künste, von denen sie vieles aufnahmen. Dass diese Werke von Kunstkennern in der westlichen Welt gemeinhin abgetan und verspottet wurden, machte sie für diese Künstler nur umso interessanter. Im Gegenzug verspotteten Kritiker, die der Avantgarde eher perplex gegenüberstanden, deren scheinbare Unkenntnis grundlegender Regeln akademischer Kunst als »Negro art«. Von konservativer Seite beleidigt zu werden, gereicht einem zur Ehre – darauf hatte sich die Bohème spezialisiert. Gleichzeitig führte die allmähliche Anerkennung der afrikanischen Künste, die sich zu Teilen den von ihnen inspirierten Werken europäischer Modernisten verdankte, zur Entstehung eines neuen Marktes und damit zu weiteren Plünderungen.

Es ist ein wenig paradox: Auch wenn die europäische Mainstreamkultur ihre Verachtung für Schwarze Kulturen nie ganz abgeschüttelt hat, hat sie diese doch – wie so viele Ressourcen in den Kolonien – für sich in Anspruch genommen und ausgebeutet. Berüchtigt ist Pablo Picassos Behauptung, er habe keinerlei afrikanische Kunst gekannt, als er die Gemälde seiner sogenannten »afrikanischen Periode« schuf: Vielleicht war das Ironie, auf jeden Fall aber ein guter Trick, um keinen Gedanken darauf verschwenden zu müssen, wem er hier was verdankte. Wie für manchen Kolumbus vor ihm war Schwarze Kunst für Picasso etwas, dessen Wurzeln er kappen, dessen Urheber er ignorieren konnte, das er nehmen und umfunktionieren konnte, wie es ihm in den Kram passte. Nachdem er diese Arbeit – eine harte Arbeit – vollbracht hatte, kam es ihm nur recht und billig vor, einmal drüberzupicassoen und es zu seinem eigenen Werk zu erklären. Da habt ihr euren Primitivismus; eigentlich habt ihr da auch ziemlich viel von eurer Moderne. Denkt nur an Filippo Marinetti, der angesichts des »kräftigen Schlamms« einer Werkstatt (Ambrosia für diesen Barden der Technologie) ins Schwärmen geriet, da er ihn »an die heilige Brustwarze [seiner] sudanesischen Amme« erinnerte. Damit, so dachte Marinetti, ließe sich doch wohl der eine oder andere Bourgeois schockieren; doch er spricht hier auch ganz unumwunden von Nahrung, gestohlen aus den Körpern Schwarzer Menschen (im Wortsinne), geschluckt und ausgekotzt in der modernen Kunst und als moderne Kunst. Der Primitivismus der bildenden Künste fand seine Entsprechungen in Literatur und Musik, und die Vorgänge in den feinen Zirkeln der Moderne sickerten allmählich in die Mainstreamkultur ein, ganz wesentlich über den Kunstmarkt. Wenn sich so etwas verkaufen ließ, dann musste es einen wirklichen, nämlich monetären Wert haben, und Geld regiert nun einmal die Welt.

Im 20. Jahrhundert haben die Avantgarden den Weg bereitet für weitergehende Änderungen des Geschmacks, der Ästhetik – ob das nun ihr (kommerzielles oder revolutionäres) Ziel war oder nicht. Was das in der Musik bedeutete, haben wir bereits gesehen, aber es ließe sich für alle Künste ein solcher Zug belegen, Schwarze Kreativität – wenn auch nicht immer Schwarze Künstler*innen – für die weiße Mehrheitsgesellschaft annehmbar werden zu lassen, indem man sie verwässerte, anpasste, weiß machte. Nach dem Zweiten Weltkrieg fand dieser konkrete, vor allem aber konzeptuelle Prozess eine weitere Entsprechung im physischen Prozess der Gentrifizierung. Es ist nicht leicht, sich als Künstler*in durchzusetzen, und viele von denen, die Ende der 1940er Jahre wegen der niedrigen Mieten nach Greenwich Village kamen, hatten wirklich kein Geld. Aber als das Phänomen Beat immer bekannter wurde, fanden sich auch Wege, damit Geld zu verdienen; die Hipster mussten den Beatniks weichen, ja sogar den Normalos mit Hang zum Slumming, zunehmend wohlhabenden Menschen jedenfalls, die eine Stadtentwicklung vorantrieben und damit das Viertel für dessen einstige Working-Class-Bewohner unerschwinglich machten, ironischerweise aber auch für die dort ansässigen Künstler, die nicht erfolgreich genug waren, mit den steigenden Mieten mitzuhalten. Diese Gruppen zogen also weiter hinaus in andere Arbeiterviertel, und dort wiederholte sich das Spiel. Doch dieses Pendel urbaner Wanderbewegungen, das im Laufe des 20. Jahrhunderts immer heftiger ausschlug, spiegelte sich auch in der Kunstszene im Besonderen und der Kultur im Allgemeinen. Auf unerfreuliche Weise.

Was Sarah Schulman die »Gentrifizierung des Denkens« nennt – eine »Verdrängung von Communitys ganz unterschiedlicher Klassen, Ethnien, Sexualitäten, Sprachen und Standpunkte … an deren Stelle stärker homogenisierte Gruppen treten«, und zwar in physischen wie metaphorischen kulturellen Zentren –, ist genau die Antriebskraft, die dieses Monster hervorgebracht hat, den Hipster des 21. Jahrhunderts.[27] Zu den spezifischen Eigenschaften des Hipsters des 21. Jahrhunderts gehört dessen Anspruch, sein gesamtes Leben sei, wenn schon kein Kunstwerk, dann doch zumindest eine Kunstausstellung, die kuratiert sein will, beworben, dokumentiert usw. Die Ausstellung folgt denselben Routinen

---

27 Sarah Schulman, *Gentrification of the Mind: Witness to a Lost Imagination*, Berkeley: University of California Press 2012, S. 14.

völliger Inhaltsleere, die Schulman beschreibt: Was als provokant gilt, ist immer und immer wieder nichts anderes als entweder der Radikalismus oder der Konservativismus früherer Generationen. Der rassistische Scherz, dieses ekelhaft allgegenwärtige Erzeugnis, das als radikaler Bruch präsentiert wird. Ein als edgy verkauftes Bekenntnis zu hierarchischen Sicht- und Arbeitsweisen. Stellt euch Francis Ford Coppolas Colonel Kurtz vor: das Musterbeispiel einer rassistischen fiktiven Figur, die so aufgeblasen ist, dass sie noch die Verstümmelung von Kindern für Kunst hält. Er zitiert T. S. Eliot, denn verdammt, natürlich tut er das. Jetzt stellt euch vor, wie außergewöhnlich dieser Typ sich findet, wobei er nicht einmal kapiert oder eben nichts drauf gibt, dass die Scheiße, die er labert, ein wunderbares Düngemittel für den Faschismus abgibt.

Aber andererseits: Es gibt ja gar keine Hipster, also gibt es auch keine Gentrifizierer. Ist doch gar nicht so ernst gemeint. Obwohl, in letzter Zeit ist alles so ernst geworden – die Schuld könnt ihr beim Aufstieg des amerikanischen Faschismus suchen. Für die, die eben noch hip waren, hatte das unerfreuliche Folgen: Alles rächt sich irgendwann, und plötzlich ging es gegen die Auswüchse des systemischen Rassismus, wie die Hipster. Jetzt heißt es, Verantwortung zu übernehmen und Antworten zu finden, doch unsere Hipster glauben, es reicht, auf eine Pose zurückzugreifen, die sie eh beherrschen: Sie sind alle Anarchisten, sie zeigen's dem System, sie sind doch keine Treiber der Gentrifizierung, sondern deren Gegner. Wie Dennis sinneD in seiner ausführlichen Studie zur Gentrifizierung in Williamsburg zeigt, ist es den Hipstern gelungen, sich selbst davon zu überzeugen, dass sie letztlich in derselben Position sind wie die Menschen, die Schritt für Schritt verdrängt wurden, weshalb sie selbst überhaupt erst dort sein können; »sie stellen sich selbst als machtlos dar«.[28] Genau wie niemand sich selbst für einen Hipster hält, ist niemand ein Gentrifizierer. Das Hipstertum übertreibt das Individuelle und Einzigartige, was sich als praktische Ablenkung erweist, wenn die Rede auf Gentrifizierung und andere Formen des Kolonialismus kommt, die sinnvoll nur als kollektives Handeln beschrieben werden können. Du bist vielleicht wirklich schräg, aber wenn du mit einer Tausendschaft weiterer – ach so schräger – weißer Mittelschichts-Kids ins selbe Viertel ziehst, solltest du dir vielleicht mal Gedanken machen, wie dein individuelles Handeln Teil eines Ganzen wird. Auch Black Lives Matter hat gezeigt, was wahrscheinlich ohnehin schon deutlich war, nämlich dass der Kult des Hipsters zugleich Lockmittel und Ablenkungsmanöver ist: Er war ein schillernder Moment in einer massenhaft geschehenden Entpolitisierung, die den Boden bereitet hat für den gegenwärtigen Faschismus.

Ich räume gern ein, dass in meinem Abriss die eine oder andere Feinheit verlorengeht. Wie Schulman schreibt, ist es »entscheidend für die Mentalität der Gentrifizierung, komplexe Realitäten durch holzschnittartige zu ersetzen«.[29] Die historische Überlieferung ist lückenhaft und mein Zugang durchaus voreingenommen, auch mit Blick auf die Vorstellung, wie das Leben in Arbeitervierteln aussah, bevor die Gentrifizierung sie erreicht hat. Angesichts der relativ mageren Informationen, die wir über Williamsburg zwischen den frühen 1970er Jahren und der Umwidmung 2005 haben, die den Bau von Luxus-Eigentumswohnungen in der Gegend ermöglichte, bemerkt sinneD, dass es »in dieser dreißig Jahre umfassenden Lücke keinen Mangel an Personen,

---

28 Dennis sinneD, »Loft Lawless«, in: *Cultural Weekly*, 21. April 2019, https://www.culturalweekly.com/loft-lawless
29 Schulman, *Gentrification of the Mind*, S. 36.

Organisationen und Ereignissen gibt, die es wert wären, in Erinnerung gehalten und diskutiert zu werden«.[30] Das erinnert an Schulmans Beschreibungen einer vergessenen New Yorker Kunstszene, die in den letzten Jahren der 1970er aufblühte und vor allem aus Amateurkünstler*innen bestand, die größtenteils erfolglos geblieben sind: Sie brachten es weder zu kommerziellem Erfolg noch zu besonderem Ansehen, und viele von ihnen starben, als AIDS sich ausbreitete. Sie zogen in Arbeiterviertel, »ohne jemals das Bedürfnis oder die Notwendigkeit zu verspüren, ein süßes Café oder eine Boutique zu eröffnen«, dafür wild entschlossen, »Kunst zu produzieren, die keine Etiketten und keine Preisschilder brauchte und keine kommerziellen Absichten hatte«, frei und im Einklang mit ihrer Umgebung.[31] Die Szene (Schulmans Schwerpunkt liegt auf dem Theater) war eklektisch, innovativ, wild; doch schon ein Quäntchen Erfolg genügte, und bald kehrte Normalität ein. Die Shows wurden zunehmend formatiert, orientierten sich an Fernseh-Standards und anderen Formen, die den zahlenden Kunden, einer breiten Masse, vertraut waren, für die sie nun zunehmend arbeiteten. Ihr Viertel wurde zu »einem Ausflugsziel für Touristen, die gern unter Leute kommen und etwas trinken gehen wollten, wozu die Künstler*innen eine atmosphärische Szenerie lieferten«. Das Ergebnis war »ein amerikanisches Theater, das mit dem Herrschaftsapparat zutiefst verstrickt, das dessen *Werkzeug* war«. Schulman und sinneD zeigen, dass Gentrifizierung nicht nur Kreativität und Menschen verschwinden lässt. Sie löscht noch die Erinnerung an die Diversität aus, indem sie

---

30 Dennis sinneD, »T/Here in Williamsburg, Part 1: Block 2399«, in: *Cultural Weekly*, 13. September 2017, https://www.culturalweekly.com /there-in-williamsburg-part-1-block-2399/

31 Schulman, *Gentrification of the Mind*, S. 30, 87.

die Vergangenheit in dasselbe homogene Licht taucht. So betrachtet erweist sich erst der eigentliche Schrecken, der der Besessenheit der Hipster für die Mode von einst innewohnt: Der kulturelle Kolonialismus macht auch vor der Vergangenheit nicht halt.

Na gut, das hat Spaß gemacht. Aber können wir den Hipster nun dekolonisieren?

Gute Frage. Wie dekolonisiert man eine Kolonialarmee? Sie aufzulösen wäre ein guter Anfang, sollte man meinen, allerdings ist es ein bekannter Modus Operandi des Hipsters, in der Menge zu verschwinden, unfassbar wie Keyser Söze, wenn der letzte Depp endlich begriffen hat, wie der Hase läuft. Aber auch wenn die Besatzung weniger demonstrativ wird, wenn sie keine großen News mehr abwirft, rührt sich die Besatzungsarmee noch lange nicht vom Fleck. Der große Auftritt des Hipsters ist vorüber, doch die einstigen Hipster haben sich nicht über Nacht in Luft aufgelöst. Sie sind erwachsen geworden: Sie haben sich allmählich von der Frontlinie des Kulturkampfes zurückgezogen und ihre Uniformen abgelegt, aber fertig sind sie noch lange nicht. Aus vielen sind einfach Nette Weiße Eltern geworden und sie haben sich darauf verlagert, das staatliche Schulwesen und die urbane Landwirtschaft zu zerstören und die Straßen, die sie voller guter Absichten übernommen haben, neu zu pflastern. Und das sind nur einige ihrer Hobbys. Vielleicht lassen sie sich retten, aber das kann dauern. Schlimmer ist, dass wir damit rechnen können und sollten, dass eine neue Hipsterarmee aufmarschiert, wenn die Dinge wieder besser laufen. Wie können wir das abwenden?

Ich will ehrlich sein: Es gibt keine einfache Antwort darauf, das liegt jenseits der Vorstellungskraft. Es gibt nichts am Hipstertum, das wir versuchen sollten zu retten. Dieser Zyklus der Aneignung, des Verdauens, des Auskotzens von

Coolness ist eine Wirkweise des Rassismus und Kapitalismus. Zerschlagt den Kapitalismus, dann dekolonisiert ihr auch den Hipster.

So einfach.

Oder doch so: Vielleicht lässt sich aus der – jüngsten und weiter zurückreichenden – Geschichte etwas mitnehmen. Vielleicht können wir etwas lernen von Schulmans Freunden, den unbesungenen Künstlern, die nach New York kamen, um New Yorker zu werden, nicht um zu kolonisieren, die kompromisslose Kunst machten, die untrennbar mit politischen Bewegungen verbunden war. Vielleicht können wir noch einmal am Anfang ansetzen, bei der Anziehungskraft, die eine Kultur auf einen haben kann, auch wenn man nicht in ihr aufgewachsen ist, von ihr aber dennoch – wider alle Wahrscheinlichkeit vielleicht – aufrichtig eingenommen ist, bei dem, was einen zu einem Beat tanzen, einen Song mitsingen, vor einem Bild nicken lässt, aber durch Herkunft und soziale Prägung nicht gänzlich wegerklärt werden kann, ja, dieser Konditionierung vielleicht gerade entfliehen will. In *Mumbo Jumbo* beschreibt Ishmael Reed das Virus »Jes Grew«, das, »sollte es sich in einer Pandemie ausbreiten, das Ende der Zivilisation bedeuten wird, wie wir sie kennen«.[32] Ein apokalyptischer Tanz.

Ich weiß, in Zeiten von Covid mag das einen empfindlichen Nerv treffen, aber seht es mir bitte nach: Das Symptom dieser Viruserkrankung ist der unwiderstehliche Drang zu tanzen, was an die Tanzplage von 1518 erinnern mag, mit dem Unterschied, dass es sich bei Jes Grew eher um eine Anti-Plage handelt. Das Virus tötet nicht, es rettet – nicht wie die »heilige Brustwarze«, die Marinetti in seinem rassistischen Exploitations-Fiebertraum im Schlamm eines

---

32 Ishmael Reed, *Mumbo Jumbo*, New York: Atheneum 1972, S. 4.

Werkstattgrabens entdeckte, sondern wie ein »Schwarzer Schlammstrom«, der über uns stürzen und der alten Welt neues Leben verleihen könnte. Das Tanzfieber der Jazz-Ära? Jes Grews Attacke, die die Jugend vergiftet, eine Erscheinung, die der Wallflower Order – eine jahrhundertealte Geheimgesellschaft, die dem Weißsein verpflichtet ist – als die existenzielle Bedrohung erkennt, die sie tatsächlich ist.

Heute erwischt sie deinen Arsch, morgen deinen Kopf, übermorgen die ganze Welt: Was die Schwarze Kultur so gefährlich macht, ist, dass sie Leute davon überzeugen könnte, etwas Besseres mit sich anzustellen, als weiß zu sein. Das können wir nicht gebrauchen. Im Roman gelingt es dem Wallflower Order (dem Orden der Mauerblümchen), Jes Grew auszubremsen, indem sie dem Tanz einige hölzerne akademische Bewegungen hinzufügen – Schwarze Intellektuelle unter den Fittichen einer weißgrauen Eminenz dämmen Jes Grew ein, wenn auch mit den besten Absichten: Sie kodifizieren Tanzschritte in Handbüchern, erklären, welche gut, welche weniger gut sind, und wo's in der Lendengegend zu freudig zugeht, halten sie Feigenblätter davor – schon läuft alles wieder in geregelten Bahnen. Die Hipster hatten nie eine Chance.

Oder vielleicht doch? Es gibt einen Moment, da schlägt das Virus zu, und alles, worauf es jetzt noch ankommt, ist der Akt – Tanzen, Singen, Ficken: eine Politik der Freude und der Gemeinschaft. Die berühmte anarchistische Theoretikerin Emma Goldman meinte nichts anderes, als sie einem Genossen, der sie wegen ihres Hangs, wild zu tanzen, schalt, erklärte: »Die Sache durfte nicht erwarten, dass ich zur Nonne und die ganze Bewegung zu einem Kloster würden. Wenn sie es dennoch tat, wollte ich nichts damit zu tun haben. Ich möchte Freiheit, mich selbst verwirklichen können, jeder soll das Recht haben, Schönes und Sinnvolles zu tun.«[33] Befrei deinen Arsch, dein Kopf wird schon folgen: Da, tief im Boden, so nah an den Wurzeln des Hipstertums, dass es sie fast berührt, liegt etwas begraben – ein Akt, keine Pose; keine Haltung, ein Moment, in dem hip sein bedeutet, zu wissen, was abgeht – und das, was abgeht, das ist die Revolution. Unter all den Schichten von Zynismus, Selbstreflexivität und Coolness gab es das vielleicht die ganze Zeit.

Man sollte sich nicht zu Utopien versteigen, aber andererseits gibt es auch keinen Grund, zynisch zu werden. Bei den BLM-Protesten gab es viele Momente des Zorns, aber auch einige Momente des Witzes mit einer gehörigen Dosis Bosheit (Fire, fire, gentrifier!). Sollten wir sagen, dass sie auch ein klein wenig Hoffnung verbreitet haben? Es war ja nicht so, dass Firmen und große Unternehmen sich nicht bemüht hätten, auf den Zug aufzuspringen und dabei ein bisschen Geld zu verdienen. Das traurige Spektakel, das die NFL geboten hat, als sie sich symbolisch hinter Black Lives Matter stellte, während sich überall im Land Protestierende in Reverenz an den früheren 49ers-Quarterback Colin Kaepernick hinknieten, war mehr als erbärmlich, aber es ist nur eines von vielen bemerkenswerten Beispielen, wie unsensible Unternehmen versuchten, auf Schwarz zu setzen, wenn ich's mal so sagen darf. Einige stellten sich dabei vorsichtiger und schlauer an als die NFL, aber all diese Initiativen durften mit einem gesunden Skeptizismus rechnen, der ihnen entgegenschlug. Vielleicht waren solche Aneignungsversuche – die liebste Vorgehensweise der Hipster – einfach nicht mehr so erfolgreich.

Jahrzehntelang druckte *Vice* in der Rubrik »Dos and

---

33 Emma Goldman, *Gelebtes Leben. Autobiografie*, Hamburg: Edition Nautilus 2014, S. 63.

Don'ts« Schnappschüsse irgendwelcher Menschen, die auf den Straßen Nordamerikas aufgenommen und mit Kommentaren des ewigen Trolls Gavin McInnes versehen waren, natürlich in dem gnadenlos-misanthropen Hipster-Stil, für dessen Popularisierung er und sein Magazin so viel getan haben. Die Rubrik führte vor, was cool oder weniger cool war, extravagant oder lächerlich, wobei Lob und Beleidigung, Anerkennung und Spott ineinander übergingen. Sie setzte auch Maßstäbe für die Selbstdarstellung der Hipster: Wenn jede modische Entscheidung auseinandergenommen, aufgespießt und für jeden sichtbar vorgeführt werden kann, muss alles dem strengen Blick standhalten. Das Internet trug entscheidend dazu bei, diese Regeln und Erwartungen zu verbreiten, und Seiten wie der inzwischen eingestellte Tumblr »Look at That Fucking Hipster« verbreiteten in ständigen Updates die Outfits beliebiger Hipster weithin. Damit konnten die Hipster also selbst die Funktion der Musiker und Künstler übernehmen, die ihnen früher als Vorbilder oder Inspiration gedient hatten.

2010 – ein Jahr nachdem LATFH online gegangen war – wurde eine neue App namens Instagram eingeführt, die das Zeitalter der Influencer einleitete, geboren aus der Asche der Hipness; Influencer, die Einwohner von Instagram, bieten uns Normalsterblichen ihr Leben dar, abgepackt, in kuratierten Folgen reizend gestellter Porträts, die vor Product Placements strotzen. Nicht jeder selfiereflexive Instagrammer ist oder war ein Hipster, doch das ziemlich eingeschränkte Spektrum, das diese Plattform ausmacht, verdankt ihren coolen Vorläufern einiges. Diese Frauen und Männer, scheinbar aus dem Nichts hervorgepoppt, übernahmen die Dynamik von »Dos and Don'ts« und LATFH, drehten sie aber komplett um: Während sich diese Kolumnen für einen Augenblick ungebeten ins Leben von Fremden drängten, luden nun Fremde jeden, der seine Neugier befriedigen mochte, ein, sie an jede Ecke zu begleiten, die ganze Zeit, und ihr Leben in Form einer endlosen Folge von Schnappschüssen zu konsumieren. Wenn man sie sehr schnell durchsieht, kann die Illusion von Bewegung, Aufrichtigkeit und Sinnhaftigkeit entstehen, ebenso gut können sich aber auch ihre Künstlichkeit, ihre List und ihre Seichtheit offenbaren.

Was Instagram verbreitete, war der Endpunkt der Hipster-Offensive: Lifestyle als Style, die Vorgabe, jeden Aspekt des eigenen Lebens zum Indiz und zur Demonstration vielleicht des eigenen Geschmacks, zumindest aber der Fähigkeit, Dinge geschmackvoll erscheinen zu lassen, zu machen. Schaut euch meinen Brunch an, vielleicht hab ich ihn selbst gemacht (eher nicht), vielleicht hab ich ihn auch in einem ganz neuen Restaurant gegessen, das noch niemand kennt, aber da habt ihr ihn, aufgetellert, als wäre das Leben eine Kochshow im Fernsehen, und mit dem Juno-Filter sieht alles absolut perfekt aus. Mit Instagram kann dein ganzes Leben in einem Hochglanzmagazin ablaufen, und du kannst jederzeit der Star sein. Auch die Sache mit dem Gaze und seinem Gender scheint kopfzustehen. In der Grammatik von Instagram ist man zugleich Objekt und Subjekt; der Welt zur Bewunderung dargeboten, unempfänglich für Spott, hat man seine Selbstdarstellung voll unter Kontrolle. Mode bedeutete schon immer, dass man andere Menschen sah, wie sie selbst entschieden hatten, sich zu präsentieren (wenn sie es nicht sogar selbst hergestellt hatten), aber Instagram ist ein Spiegelkabinett, in dem sich Oberflächen in Oberflächen spiegeln, endlos. Auch wenn man auf seinen Fotos noch so wenig Make-up trägt und den Bauch wirklich nur ganz leicht einzieht, es gibt keine Authentizität auf dem Bildschirm, es sei denn im Akt des Kuratierens selbst. Mit Instagram ist Hipstertum meta geworden.

Doch genau das hat sich als Problem erwiesen. Denn sie mögen sich noch so erfolgreich gegen Spott rüsten, eines wollen Influencer unbedingt: Sie wollen ernst genommen werden. Deshalb nehmen sie gern Hashtags auf, die zeigen sollen, dass sie sich Gedanken machen, und bekennen sich zu den gerade angesagten Anliegen – und zwar nicht nur mit derselben Leichtigkeit, mit der sie auch ihre perfekte Frisur zur Schau stellen, sondern auch aus demselben Grund: weil es nämlich ihre Einzigartigkeit unter Beweis stellt. #Kony2012, Leute.

Als die BLM-Proteste begannen, erkannten die Influencer ihre Chance und eine gute Gelegenheit, in New York, Seattle, L. A., wo auch immer, mit aller gebotenen Vorsicht doch engagierte fotografische Beweise ihres Engagements für die Sache der Schwarzen einzufangen. Also posierte Kris Schatzel, ihres Zeichens »Social Media Influencer / Model«, mit gerade genug zerzausten Haaren und in einem perfekt fallenden hauchdünnen schwarzen Kleid auf einem Fußgängerweg in Los Angeles, so dass die Protestierenden die Kulisse bildeten für sie, die ein kleines Whiteboard mit der Aufschrift »Black Lives Matter« in Händen hielt und entschlossen, ernsthaft in die Kamera blickte. Kein Witz! Aber es war 2020, und so war jemand zur Stelle, der Schatzel und ihre Assistentin filmte, wie sie die Momentaufnahme inszenierten. Das Video wurde veröffentlicht, und zwar mit dem Titel »Hört auf, mit den Protesten umzugehen, als wär's Teil 17 des Coachella-Festivals«. Schatzel war nicht die einzige Influencerin, die dabei ertappt wurde, Protestbewegungen zu nutzen, als ginge es darum, ihre eigene Brause zu bewerben. Das Video – mitsamt spöttischem Keuchen und boshaften Kommentaren – wurde von Millionen Menschen gesehen, viele davon machten sich lustig über Schatzel und ihren Mangel an Sensibilität, die Proteste als Gelegenheit zu nutzen, Promotion in eigener Sache zu betreiben. Das zeigte ganz sicher eins: Die Zeiten ändern sich. Schatzel reagierte mit einem Post, in dem sie sich bestenfalls halbherzig entschuldigte, dass sie versucht habe, »die Botschaft unter die Leute zu bringen«. Doch wenn man einfach mal bei Instagram reinschaut, wird man schnell feststellen, dass Accounts, die tatsächlich die Botschaft verbreiten, einen ziemlich anderen Umgang mit sozialen Netzwerken pflegen, wobei sie ihre Person oft aus der Öffentlichkeit heraushalten, um sich auf die Geschehnisse zu konzentrieren. Stellt euch so was mal vor.

Instagram gehört zu Facebook, und Facebook gehört Zuckerberg, und Zuckerberg hatte keinerlei Skrupel, mit dem Aufstieg eines vom Internet angetriebenen Faschismus Geld zu verdienen. Doch das Tool macht hier etwas, für das es eigentlich nicht entworfen wurde, und die Benutzer verhalten sich auf eine Weise, die eigentlich nicht vorgesehen war. Black IG und Black Twitter sind nur die Spitze der Eisberge, die die Welle eines kollektiven Schwarzen Aktivismus vor sich hertreiben, der bisher erfolgreich auf Aushängeschilder, Sprecher*innen und Helden verzichtet hat, der klug durch Medien und soziale Netzwerke navigiert und auch angesichts extremer Brutalität und staatlicher Einschüchterungsversuche den Blick fürs Wesentliche bewahrt hat. Wir können uns durchaus vorstellen, dass das Schlimmste noch vor uns liegt. Inzwischen haben wir allerdings auch Gründe zur Hoffnung, dass sich Dinge ändern. Es sieht so aus, als hätten wirklich betroffene weiße Teilnehmer der Proteste inzwischen darüber nachgedacht, wie sie selbst ins weiße Überlegenheitsdenken involviert sind und wie sie uns in diesem Kampf am besten zur Seite stehen können.

Und da müssen wir noch einmal über Bärte reden.

In Kapitel 1 habe ich den Hipster des 21. Jahrhunderts als

apokalyptisches Negativbild des bärtigen Abolitionisten John Brown heraufbeschworen; Letzterer hatte den Bürgerkrieg angekündigt, Ersterer die augenblickliche Krise und all das, was nach ihr kommen mag. Aber hier kommen wir einer Dekolonisierung des Hipsters vielleicht so nah, wie wir ihr überhaupt kommen werden. Wenn sich weiße Privilegien im »kunstvollen Verweigern der Verantwortung im Angesicht einer andauernden Ungerechtigkeit« äußern, dann war der Inbegriff dessen, der Gipfel des Weißseins, das Hipstertum, also der entschiedene Versuch, sämtliche Facetten menschlicher Erfahrung – einschließlich sozialer und politischer Fragen – als Konsumartikel zu behandeln.[34] Es ist ein bisschen anstrengender, sich dem Kampf gegen die Ungerechtigkeit zu widmen, als sich einen Bart wachsen zu lassen, doch die Welt verändern kann beides. Vor einigen Jahren erschien wiederum in *Vice*, der einstigen Hipster-Bibel, ein schwarzhumoriger Text von Carvell Wallace, der sich vorstellte, die Hipster könnten die Konsequenz ziehen und dem »Rest der Welt« eine letzte Sache entwenden, nämlich »unsere entschiedene Weigerung, mit unserem Leben umzuspringen, als wäre es ein theoretischer Scherz«.[35] Aber ihm ist völlig klar, dass es mehr als passiven Konsum braucht, um zur Dekolonisation zu gelangen. Deshalb spreche ich zu euch, Bartträger guten Willens, die ihr vielleicht Freude an der Coolness habt, nicht aber am Rassismus, die ihr jetzt vielleicht auf die Straßen geht, es gern tätet oder auf eure Weise voll dahintersteht. Es gibt einen Weg, und ihr müsst dazu nicht einmal die unmögliche Aufgabe meistern,

---

34 Patrice Evans, »Hip-Hop und Hipsterismus. Anmerkungen zu einer Philosophie des Uns und der Anderen«, in: Greif u. a. (Hg.), *Hipster*, S. 90–96, hier: S. 90.

35 Wallace, »Being a Hipster Is Not Compatible with Being Black«.

eine afrikanische Gesichtsbemalung zu bekommen, obwohl das nächste Afropunk-Festival wieder wegen Covid-19 ins Wasser fällt. Vor fast dreißig Jahren veröffentlichten Noel Ignatiev und John Garvey (ein Gewerkschaftsaktivist, der, nebenbei bemerkt, in Brooklyn geboren und in dessen Straßen aufgewachsen ist, bevor es dort hip wurde) die erste Ausgabe der Zeitschrift *Race Traitor*, die unter dem unerschrockenen Motto stand: »Verrat am Weißsein bedeutet Loyalität zur Menschheit«. Im Editorial der ersten Ausgabe formulieren sie ihre Ziele so: »Die weiße Rasse ist ein Club, der bestimmte Menschen bei ihrer Geburt aufnimmt, ohne ihre Zustimmung einzuholen, und sie dann gemäß seiner Regeln erzieht … *Race Traitor* will diesen Club auflösen, ihn zerschlagen, ihn in die Luft sprengen.«[36] Die Autoren beschrieben einen Augenblick, der dem jetzigen sehr ähnelt, die Zeit unmittelbar nach den Unruhen, die Los Angeles in der Folge der Misshandlung Rodney Kings durch Polizisten des LAPD ergriffen – nämlich als einen, da wohlmeinende Weiße, sofern sie »in die Fantasie weißer Überlegenheit weder tief verstrickt noch ihr entschieden verpflichtet waren«, aus ihrer üblichen Gleichgültigkeit gerüttelt wurden.[37] Was wäre, fragten sie, »wenn so viele von denen, die weiß aussehen, die Regeln des Clubs brechen würden, dass die Bullen an ihrer Fähigkeit zweifeln müssten, eine weiße Person zu erkennen, indem sie einfach nur hinschauen …? Und wenn die Polizei, die Gerichte, ganz allgemein die Obrigkeiten anfangen würden, willkürlich Menschen so zu behandeln, wie sie üblicherweise nur People of Color behandeln, wie würde der Rest der sogenannten Weißen dann

---

36 »Editorial: Abolish the white race – by any means necessary«, in: *Race Traitor* 1 (Winter 1993), S. 2.
37 Ebd., S. 4.

reagieren?«[38] Ignatiev und Garvey waren nicht unerschrocken genug, eine Antwort zu geben. Heute – viele Jahre nach 1993 – sieht es aus, als könnten wir eine bekommen.

Da habt ihr sie also, eure Anleitung, wie wir den Hipster auflösen können: Findet unter dem Bart John Brown, begrüßt ihn und den Meteor des Krieges – nicht eines Krieges gegen Menschen, sondern gegen das Weißsein. Dekolonisierte Hipster werden sich nicht nur erheben, den Schwarzen Marschierern und Trommlern bei den Protesten nachlaufen, die Hüften schwingen und es dann gut sein lassen. Sie werden sich nicht damit begnügen, die bekannten Praktiken ihrer Ahnen an die gegenwärtige politische Lage anzupassen. Sie werden auch jenen Vorgängern nacheifern müssen, die sie vergessen haben, den unbesungenen Machern, den Künstler*innen und Arbeiter*innen und Gewerkschaftlern, die einst die Straßen bevölkerten, auf denen heute Cold Brew strömt, diesen vergessenen Leuten, die – bewusst oder unbewusst – an den Wänden des Clubs kratzten, der nur für Weiße bestimmt ist.

Der dekolonisierte Hipster ist ein Race Traitor, ein Verräter an seinem Weißsein: Ich glaube kaum, dass ihr etwas Cooleres finden werdet.

38 Ebd., S. 4f.

DANKSAGUNG

Dieses Buch wäre niemals fertig geworden ohne die Hilfe und Unterstützung von Marlene Daut, Anne Eller, Tao Goffe, Moura McGovern, Bhakti Shringarpure, Chelsea Stieber, Molly Petersen und Sarah Wasserman. An unterschiedlichen Stellen auf dem beschwerlichen Pfad, der schließlich zur Fertigstellung dieses Buchs führte, waren sie so freundlich, Entwürfe zu lesen, fragwürdige Urteile und Entscheidungen als solche zu benennen, Einspruch gegen schlechte Scherze zu erheben und bessere zu befürworten, präzisere Formulierungen vorzuschlagen und Wege zu weisen. Ihr seid großartig, und ich bin euch zu ewigem Dank verpflichtet.